家庭关系心理学

丁文飞 —— 编著

新疆文化出版社

图书在版编目（CIP）数据

家庭关系心理学 / 丁文飞编著 . -- 乌鲁木齐：新
疆文化出版社，2025.2. -- ISBN 978-7-5694-4776-7

Ⅰ C913.11

中国国家版本馆 CIP 数据核字第 2025VC7318 号

家庭关系心理学

编　著 / 丁文飞

选题策划	王国鸿	封面设计	袁　野
责任编辑	张　翼	责任印制	铁　宇
版式设计	凡琪文化		

出版发行　新疆文化出版社有限责任公司
地　　址　乌鲁木齐市克拉玛依西街 1100 号（邮编：830091）
印　　刷　三河市嵩川印刷有限公司
开　　本　710mm×1000mm　　1/16
印　　张　8
字　　数　130 千字
版　　次　2025 年 2 月第 1 版
印　　次　2025 年 2 月第 1 次印刷
书　　号　ISBN 978-7-5694-4776-7
定　　价　49.80 元

前言

　　在每一个家庭里，无论多么幸福美满，隐藏的情感动态和冲突总是不可避免的。家庭成员之间的互动不仅仅是生活中的琐事、日常安排，它们背后隐藏着深刻的情感需求、心理期待以及个人价值观的碰撞。正如本书所展示的，家庭的幸福与和谐并非自然存在，而是需要通过不断地学习、理解和沟通去维持和建立的。

　　写这本书的初衷，源自我们对家庭幸福的探索和实践。无论是夫妻之间的相处、亲子之间的互动，还是多代同堂时的矛盾和摩擦，家庭关系中的每一层都充满了复杂性。我们无法避免冲突，也无法让每一次矛盾迎刃而解，但我们可以通过学习心理学中的实用技巧，培养一种面对问题的智慧和能力，提升家庭的心理弹性，使得每一次矛盾都成为关系发展的机会。

　　在这本书中，你将跟随一个个贴近生活的故事，看到家庭成员如何应对生活中的大小挑战。这些故事真实、感人，同时也非常具有代表性，故事中的人名均为化名。每一章都从具体的情境出发，深入剖析背后的心理机制，并提供实用的技巧和策略，帮助您应对类似的家庭问题。

　　我们常常以为家庭的幸福感来自外部条件：稳定的收入、舒适的住房、成功的事业等，但事实证明，真正的家庭幸福感更多地来自成员之间的理解、支持和尊重。情感的联结、有效的沟通、责任的分担以及危机中的相互扶持，这些看似无形的力量，才是家庭稳固的基石。

　　通过本书，我们希望每个读者能够从中汲取实用的心理技巧，学会如何在日常生活中处理情感冲突、分担责任、增强亲密感，并最终培养出强大的家庭心理弹性。无论你身处什么样的家庭关系中，这本书都将为你提供有价值的指导和帮助，让你的家庭生活更加幸福、充满温暖。

目
录

第一章

系 XI
点 DIAN

关 GUAN
起 QI

庭 TING
的 DE

家 JIA

餐桌上的"冷战"

为什么父母总是"听不见"?

家务分工中的"情绪劳动"

家庭中的"透明人"现象

餐桌上的"冷战"

这是很多家庭常见的一幕。

李家的一天似乎如常。晚饭时间，桌上摆满了家常菜，父亲李伟默默地夹着菜，母亲张莉低头吃饭，12岁的儿子小浩无精打采地戳着碗里的饭粒。虽然一家三口围坐在一起，但空气中弥漫着一种令人难以忽视的沉默和冷漠。

"今天在学校怎么样？"张莉终于打破了沉默，问儿子。

"还行。"小浩头也不抬地回了一句。

"吃点青菜，对身体好。"李伟推了推一盘炒青菜。

"我不喜欢。"小浩嘟囔着，把盘子推远了一些。

气氛再次陷入沉默。

这个场景看似简单，但背后隐藏着大量未被说出的情绪。就像很多家庭一样，李家三口在日常的相处中，虽然看似共同吃饭、生活，却缺乏真正的情感连接。这种"餐桌冷战"在很多家庭中是司空见惯的现象。那么，究竟是什么让本应是家庭情感交流时刻的晚餐，变成了一场无声的心理拉锯战呢？

沉默的背后：情感疏离的隐性原因

李家这种晚餐上的冷淡情景，揭示了家庭关系中的一种常见问题——情感疏离。尽管全家人在一起共处，但情感上却像隔了一堵无形的墙。为什么会出现这种情况？

首先，情感疏离往往是家庭成员之间未解决的冲突或压抑情绪的表现。在李家的情况下，李伟和张莉可能因为某些未解决的矛盾而彼此回避，避免直接对话。或许，他们担心正面沟通会引发争吵，反而选择保持表面的平和，而这种平和最终导致了情感上的隔阂。

其次，日常生活的忙碌与压力会让家庭成员忽视彼此的情感需求。现代社会中，父母忙于工作，孩子忙于学业，家人成为同住在一起却几乎没有深度互动的"陌生人"。

情感疏离的信号

要解决这种家庭中的"餐桌冷战"，首先需要意识到情感疏离的信号。情感疏离不一定表现为激烈的争吵，更多时候是通过沉默、回避和冷漠表现出来。如果你发现以下这些信号在家庭中经常出现，可能意味着情感疏离正在悄悄蔓延：

对话减少：家庭成员在一起时，交流的话题局限于日常琐事，真正的情感交流几乎为零。

情感不再分享：家人不再主动分享自己的感受和想法，特别是对于压力、困惑等负面情绪的表达减少。

冲突回避：当矛盾出现时，选择回避而不是正面解决，结果导致问题积压，情感疏离加深。

行为疏远：尽管生活在一起，但行为上表现得如同"室友"而非"家人"，彼此缺乏主动的关心和互动。

那么，如何打破这道无形的墙呢？以下几个心理学策略可以帮助重建家庭中的情感连接：

情感确认：家庭成员之间需要学会倾听并确认彼此的情感。比如，父母可以试着对孩子的情绪做出反馈："小浩，妈妈看你今天心情好像不好，是不是发生了什么事？"这种简单的情感确认，能让对方感到被关注和理解，进而愿意敞开心扉。

开放式问题：通过提问来引导对方表达更多内心的想法和感受。比如，当孩子回答"还行"时，不要止步于此，可以进一步问："今天有没有发生让你印象深刻的事情？"这种开放式问题可以帮助引发更深入的对话。

积极倾听：倾听不仅仅是听到对方说的话，还要关注背后的情感。很多时候，家人之间的误解源于没有真正去听懂对方在说什么。学会不打断、不急于给建议，而是用心聆听，可以大大改善家庭沟通质量。

创造共同的家庭仪式感：情感疏离往往是因为家庭成员之间缺乏共同的连接点。通过一些小的日常仪式，比如固定的家庭晚餐时间、周末的亲子活动，能够帮助家人重建共同的情感体验。仪式感不仅是一种形式，更是一种情感连接的机会。

打破冷战，从小改变开始

餐桌上的冷战，通常不仅仅是当天情绪的发泄，而是长期情感疏离的积累。解决问题不一定要从激烈的情感对话或大变革开始，而是可以通过日常生活中的小小改变，逐步改善家庭氛围。

例如，李伟可以尝试主动询问儿子小浩的学校生活，注意倾听而不急于评价。张莉可以在饭前问问丈夫的工作情况，表达关心。同时，全家可以约定每周有一个固定时间共同做一些轻松的活动，比如一起看电影或散步，让大家在无压力的环境中逐渐恢复沟通的自然性。

有时，家庭成员可能会认为这些改变微不足道，但事实上，正是这些细小的互动累积起来，才能慢慢打破情感疏离的坚冰。

家庭中的情感连接需要长期地维护和经营。它不一定需要复杂的技巧或激烈的情感对话，而是从一点一滴的日常互动开始。通过更好地理解对方的情感需求、学会有效沟通，并在生活中建立一些共同的仪式和体验，家庭成员之间的情感纽带可以逐渐变得更强大、更稳定。

李家的餐桌冷战或许是很多家庭的缩影，但通过一点点努力，每个家庭都可以找到属于自己的沟通之道，重新建立深层次的情感联系。在家庭中，情感的流动才是幸福的源泉。

为什么父母总是"听不见"?

15岁的李欣放学回到家,甩下书包坐在沙发上,一脸疲惫。母亲王芳正忙着厨房的家务,看到女儿回来,随口问了一句:"今天学校怎么样?"

"就那样,累死了。"李欣无精打采地回了一句。

"有什么累的?上课不就是听老师讲讲课吗?别想那么多,抓紧复习功课就行。"王芳一边擦着灶台,一边随口回答。

李欣的脸色变得更阴沉,她想继续解释今天老师布置了很多作业,数学课上她根本没听懂,还有明天的考试让她焦虑不安。但当听到母亲轻描淡写地回答后,她打消了再说下去的念头。李欣觉得,妈妈根本就不理解她的压力。

这一天的对话在很多家庭中屡见不鲜。孩子在表达自己的情绪时,父母常常因为生活忙碌或观念不同而无法真正倾听。这让孩子感到被忽视,认为父母根本不理解自己的感受,进而对沟通失去兴趣,导致亲子关系逐渐疏远。

代际沟通中的"听不见"现象

"听不见"并不是指父母真的没有听到孩子在说什么,而是他们没有理解孩子背后的情绪和需求。父母的回答,往往带有"没什么大不了"的态度，忽视了孩子内心的焦虑和不安。这种现象在代际沟通中非常常见。

当孩子抱怨学习压力时，父母可能会习惯性地以自己的经验和价值观来回应。他们经历过的教育和成长环境与孩子现在面对的现实存在巨大差异，尤其是在应对压力和困惑时，父母可能无法完全理解孩子所处的困境。

父母的"经验主义"：父母往往认为自己曾经经历过类似的困境，因此能够给出正确的建议。在他们眼中，学习的压力只是暂时的，付出足够的努力就能解决问题。然而，孩子并不总是需要建议，他们更多时候只是需要父母认真倾听和理解。

情感认知的不同：父母和孩子对压力的感知不同。对成年人来说，工作的压力、家庭的责任都可能远远超出他们对学习压力的理解。父母常常低估了孩子在学校和社交中的心理负担，尤其是当这些压力涉及到学业竞争、同学关系、老师的期望等复杂因素时，孩子需要情感上的支持，而不仅仅是理性分析。

沟通模式的差异：很多父母习惯于以"解决问题"为目标来进行沟通，他们希望通过给建议来帮助孩子走出困境，但这种方式忽视了孩子的情感需求。孩子则更倾向于表达情绪，希望获得父母的共鸣与理解，而不是立即听到解决方案。

这些差异导致了父母和孩子在沟通中的情感脱节，父母可能觉得自己已经提供了帮助，而孩子却感到自己的声音被忽视，双方的关系因此更加紧张。

代际沟通中的心理屏障

代际沟通的困难，不仅仅是信息的传递不顺畅，更深层的原因在于双方在心理上的"屏障"。这些屏障让父母无法真正听到孩子的心声，也让孩子无法在父母面前坦然表达自己的情感。

情感投射：父母在与孩子沟通时，常常不自觉地将自己的过去经历投射到孩子身上。他们认为孩子的学习压力不过是成长过程中的必经之路，而忽视了当代社会环境和学校教育压力的变化。他们也许曾经通过努力在学业上取得成功，所以下意识地认为孩子也应该按照同样的方式去面对问题。这种情感投射让父母无法客观看待孩子的实际困境。

控制欲与无力感：父母有时会感到对孩子的教育失控，尤其是在面对青春期孩子时，亲子沟通的复杂性和孩子的反抗心态让父母感到焦虑。他们希望通过建议和指导来掌握局面，但这种过度的控制欲往往让孩子感到压抑，反而加深了沟通的鸿沟。

价值观差异：代际之间的价值观差异也在沟通中形成了巨大的屏障。对于父母来说，学习是孩子未来成功的关键，他们希望孩子在学业上表现优异，这让他们对孩子的学习表现异常关注。而孩子可能有着更复杂的价值观念，他们不仅关注学业，还关注个人的成长、社交圈以及自我认知。这种价值观差异让父母无法理解孩子多重压力的来源。

情感共鸣：打破沟通屏障的关键

要打破这些代际沟通中的心理屏障，父母首先需要学会一种重要的沟通技巧——情感共鸣。情感共鸣不仅仅是"听见"，更重要的是感受到对方的情绪，并通过言语和行为表达出对这种情绪的理解。

情感共鸣的步骤：

倾听，而非听到：情感共鸣的第一步是学会真正地倾听，而不是急于回应。父母需要暂时放下自己的判断和经验，完全投入到孩子的表达中，去理解孩子背后的情绪。例如，当李欣抱怨学习压力时，王芳可以不急于反驳或解释，而是简单地表示："你看起来真的很累，今天在学校是不是遇到什么特别烦的事情？"

验证感受，确认情绪：在倾听的过程中，父母要通过言语确认孩子的感受，表达出对孩子情绪的理解。这一过程可以通过简短的反馈来完成，比如："听起来你真的对这次考试很担心。"这种情感确认让孩子感到被理解，而不是被评判，从而愿意继续分享自己的困扰。

避免直接给出解决方案：当孩子表达出负面情绪时，父母常常会急于提出解决方法，认为这样能够帮助孩子摆脱困境。然而，过早给出建议往往会让孩子感到自己的情感被忽视。因此，父母可以试着换一种方式，比如先陪伴孩子度过情绪的低谷，再适时给出建议。例如，王芳可以说："我能理解你现在觉得压力很大，我小时候也有过类似的感觉。我们可以一起想办法看看怎么缓解这些压力。"

共情而非批评：当孩子抱怨或表达困惑时，父母应该尽量避免批评或否定他们的感受。即使父母认为孩子的反应过于夸张或不理性，也应该尝试站在孩子的角度去理解他们的情绪。共情并不意味着完全认同孩子的行为或观点，而是通过理解和接纳他们的情感来建立更深的沟通桥梁。

让我们回到李欣和她母亲的故事中，设想如果王芳学会了情感共鸣，情况会怎样改变：

李欣仍然是疲惫不堪地回到家，丢下书包，坐在沙发上，一脸

无奈。

"今天学校怎么样?"王芳照常问道,但这次她停下了手中的活,转身面向李欣,注意到了她脸上的疲惫。

"就那样,累死了。"李欣低声抱怨。

这次,王芳没有立刻回应"有什么累的",而是走过去,坐在她身旁,轻轻地说:"你看起来真的很累,今天是不是发生了什么特别让你烦心的事情?"

李欣愣了一下,母亲的关注让她感到了一丝温暖。"嗯,今天数学课上我根本听不懂,还有明天的考试……我真的觉得有点撑不住了。"

"哦,原来是这样。"王芳点点头,"你觉得数学很难对吧?加上考试在即,压力真的很大,我能理解。"

李欣慢慢放下了心中的戒备,母亲的回应没有否定她的感受,她感到自己可以继续倾诉。"对啊,我真的不想考试,可是没办法……"

"我知道,有时候压力真的会让人不想面对。"王芳轻声说道,"我小时候也有过这样的感觉,压力大得让人很想逃避。不过,先别急,我们可以一起想办法,让你感到好一点,好吗?"

李欣这时已经感受到母亲的关心和理解,心情也稍稍放松。母亲并没有急于给出解决方案,而是首先陪伴她面对情绪的波动。这种情感共鸣让她愿意继续和母亲讨论如何解决学习上的问题。

重新连接亲子关系

通过情感共鸣,父母可以建立一种更加亲密和信任的亲子关系。孩子感受到父母的理解和支持,不仅能够更轻松地表达情绪,还能更愿意接受父母的建议。这种沟通模式的改变,不仅有助于缓解日常生活中的小冲突，还能在长远上加强亲子间的情感连接，避免关系的逐渐疏远。

对于父母来说，情感共鸣并不是一种高深的技巧，而是一种通过主动倾听、理解和共情来改善亲子沟通的有效方法。它要求父母在交流中暂时放下自己的立场，真正进入孩子的情感世界，从他们的角度看问题。这种理解和接纳，是任何成功沟通的基石。

代际沟通中的"听不见"，并不是一方的错误，而是双方在情感和认知上的不对等。然而，通过情感共鸣，父母可以打破这种沟通屏障，与孩子建立更加深厚的情感连接。毕竟，孩子需要的并不是"解决方案"，而是理解与支持。倾听的力量，远比给予建议更能滋养亲子关系的健康成长。

家务分工中的"情绪劳动"

在一个看似平常的周日早晨，李伟、张莉和他们的女儿小玲围坐在餐桌前，决定召开一次家庭会议，主题是家务分工。

张莉一直是家里的主要家务承担者，感到疲惫不堪，而李伟虽然工作忙碌，也意识到自己的贡献不够。小玲，刚刚进入青春期，在家务方面参与较少，通常认为那是父母的责任。今天，张莉提议一起讨论这个问题，希望能为家庭分工找到一个更合理的方案。

"我们需要好好谈谈家务的问题了，"张莉率先发言，语气中带着一丝疲惫，"我每天工作回来还要做饭、打扫，实在太累了。我希望大家能够多分担一些。"

李伟点头附和，但小玲却有些不以为然："可是我还有作业啊，家务不是应该是你们大人的事情吗？"

"你也住在这个家里，应该有责任帮忙。"张莉无奈地说道。

这场家庭会议看似只是围绕家务分工展开，但实际上却揭示了许多家庭中隐藏的情绪劳动问题，以及家人之间的责任分配不均衡。

这个情境中，母亲张莉不仅承担了大部分的体力劳动，还背负了"情绪劳动"的负担；而父亲李伟虽然在外工作，但在家庭事务中的参与度有限；女儿小玲则因为学习压力，似乎在家庭责任分担中处于边缘。

什么是"情绪劳动"?

"情绪劳动"是社会学家阿莉·霍斯查尔德提出的一个概念,指的是人们在与他人互动时,为了维护关系和谐、管理他人情绪而付出的无形劳动。

这种劳动往往不被直接意识到,但却会耗费大量的心理和情感资源。尤其在家庭中,情绪劳动常常是由母亲承担的,她们不仅需要处理实际的家务,还要平衡家人的情感需求,维系家庭的和谐。

在张莉的例子中,除了要完成烹饪、打扫等体力工作外,她还负责协调家庭中的各种情感需求。例如,当小玲不情愿做家务时,张莉需要耐心解释和说服,而李伟则往往因为工作忙碌,没有真正意识到张莉在家庭中承担了双重的负担。

家庭会议,实际上也是一种情绪劳动的体现,因为它是张莉在压力积累到一定程度后,试图通过沟通来解决问题的方式。

那么,在家庭中,如何通过有效地沟通、协商和情感平衡,来合理分配家务和情绪劳动呢?

家务分工的复杂性

在很多家庭中,家务分工的不平衡源于性别角色的固化,以及工作与家庭责任之间的矛盾。传统观念中,女性常常被视为家庭主妇,即使她们有自己的职业,也仍然被期望承担大部分家庭劳动。而男性则常常被视为"养家者",重点是在外工作,但在家庭事务中参与较少。

在李伟和张莉的家庭中,这种不平衡显而易见。张莉每天下班后还要承担家务,而李伟虽然意识到问题,但并未采取足够的行动去改变局面。小玲作为孩子，参与家务的责任感也不强，更多是依赖父母的安排。这种情况不仅在生活上制造了压力，更会影响到家庭成员之间的情感连接。

体力劳动与情绪劳动的双重负担：张莉不仅要做饭、打扫，还要操心家人之间的关系协调。这让她感到不堪重负，因为情绪劳动往往是无形的，她的付出很少被看到和认可。

工作与家庭的时间冲突：李伟在外工作的时间长，回到家后希望能够休息，而张莉则希望他能更多参与家务。这种对时间分配的矛盾，让两人的关系变得紧张。

孩子的角色意识不足：小玲虽然已经进入青春期，但在家务方面的责任感仍然不足，她认为家务是父母的事，自己只需要专注于学习。这种态度不仅加重了父母的负担，也影响了家庭成员之间的合作与沟通。

通过家庭会议进行有效协商

在面对家务分工的问题时，家庭会议是一个非常重要的沟通方式。它不仅可以帮助家庭成员明确各自的责任，还可以通过沟通解决潜在的情感问题。然而，要让家庭会议真正有效，必须有一定的技巧和方法。

明确讨论的目标：在会议开始时，张莉明确提出了家务分工的问题，这一步非常关键。家庭会议的目的是解决问题，而不是情绪的发泄场所。因此，家庭会议应围绕具体的问题展开，并设定一个明确的目标——即如何合理分配家务。

每个人都有发言机会：在家庭会议中，必须让每个成员都有机会发言，表达自己的感受和看法。比如，张莉可以先表达自己的疲惫和期望，李伟和小玲也可以分别阐述他们的时间安排和家务分工的想法。在这个过程中，重要的是每个人都能倾听对方，而不是急于反驳或提出解决方案。

情感表达与共情：家庭会议不仅仅是讨论任务的分配，更是一个表达情感的机会。在家庭会议中，张莉不仅提到了自己的体力疲惫，还表达了她在家庭责任中感到的心理压力。李伟和小玲应该通过共情来理解她的情绪，而不是简单地认为"做家务是理所当然的"。通过情感共鸣，家庭成员可以更好地理解彼此的需求，进而做出更合理的安排。

制定具体的行动计划：在情感表达和讨论过后，家庭需要制定一个明确的行动计划。比如，李伟可以承诺每周末分担打扫和购物任务，而小玲则可以负责每天的餐后洗碗。具体的分工和时间表能够避免空谈，让每个家庭成员都能清楚自己需要承担的责任。

家务分工中的平衡与尊重

在很多家庭中，家务分工不均衡的背后，往往隐藏着对劳动价值的不平衡认知。在张莉的家庭中，她的体力劳动和情绪劳动都未得到充分的尊重，导致她感到疲惫和委屈。而李伟虽然也在为家庭付出，但在日常家务中没有足够的参与意识。小玲则因为年纪较小，尚未真正意识到自己在家庭中的责任。

要让家务分工达到平衡，首先需要每个家庭成员对彼此的劳动给予足够的尊重。家庭并不是单靠某一个人的付出来维持，而是每个成员共同的责任。尊重体现在以下几个方面：

承认每个人的贡献：在家庭中，每个人的贡献都是重要的。即使是看似简单的家务劳动，也应该被视为家庭运作的重要组成部分。在家庭会议中，李伟和小玲可以通过感谢张莉的付出来表达对她劳动的尊重。

同时，张莉也应认可李伟在外工作为家庭提供经济支持的努力。

公平的劳动分配：家务分工不应局限于传统的性别角色，而应根据每个人的实际情况和时间安排来进行分配。例如，李伟可以承担更多周末的家务，而张莉可以减少晚餐后的清洁任务，将部分责任交给小玲。这种合理的分配方式，不仅能够减轻张莉的负担，还能增强家庭成员之间的合作精神。

培养孩子的责任感：小玲作为家中的一员，虽然以学业为重，但也需要承担部分家庭责任。在家庭会议中，父母可以通过鼓励和引导，让她参与家务劳动，帮助她培养责任感和独立意识。通过让孩子参与家务，能够增强他们的家庭归属感和责任感，同时也减轻父母的压力。

情感平衡：家庭关系的关键

家务分工的问题，往往不仅仅是劳动本身的不均衡，更涉及家庭情感的平衡。一个良好的家庭关系需要每个人在情感上保持平衡，即每个人的需求和感受都得到关注和尊重。在李家的会议中，张莉的情绪显然处于失衡状态，她感到被忽视和过度负担，而李伟和小玲虽然意识到问题，但并未给予足够的情感支持。

要维持家庭中的情感平衡，以下几点非常重要：

主动关心彼此的感受：家庭中的情感平衡需要每个成员主动去关心对方的情感需求。李伟可以通过日常的小细节来表达对张莉的关心，比如询问她是否需要帮忙，或在她疲惫时主动分担家务。小玲则可以通过参与家务来减少母亲的压力，表达自己的家庭责任感。

创造共同的家庭时间：家务劳动可以成为家庭成员之间情感连接的机会。例如，一家三口可以一起在周末打扫房间或做饭，这不仅能减轻张莉的负担，还能增强家庭成员之间的互动和情感交流。

学会表达感谢：感恩是一种非常重要的情感表达方式。在家庭中，每个人的付出都应得到认可和感谢，通过简单的感谢语，比如"谢谢你今天帮忙做饭"或"你辛苦了"，能够增强家庭成员之间的情感联结，让每个人都感到自己的努力被看见和重视。

家务分工不仅仅是一个劳动分配的问题，更是家庭成员之间情感连接的体现。通过家庭会议的讨论与协商，李家能够更好地理解彼此的需求，找到一个更平衡的家务分配方式，同时也增强了情感上的共鸣。家庭的和谐，离不开每个人的努力与付出，而情感上的平衡，则是维系这种和谐的关键。

家庭中的"透明人"现象

赵强是一名50岁的中年父亲，拥有一份稳定的工作，也为家庭努力了几十年。然而，最近几年，他在家中越来越感觉自己仿佛是一个"透明人"。

无论是妻子还是两个孩子，似乎都不再像以前那样关注他的感受和需求。他常常觉得自己被忽视了，无论是晚餐时的讨论，还是家庭做出重要决定时，他的声音总是显得微不足道。

一天晚上，赵强回到家，像往常一样，妻子王丽在厨房准备晚饭，儿子小杰在房间玩电脑，女儿小雪则在沙发上刷手机。

赵强走进厨房，看见妻子忙碌的身影，心里想帮忙，但话到嘴边，却又被自己的犹豫打消了。他拿出手机在客厅坐下，感觉自己的存在好像没有人注意到。

"晚饭好了，大家来吃饭吧！"王丽喊道。

一家人坐在餐桌旁，赵强试图参与妻子和孩子们的对话，提到自己今天工作中的一件趣事。然而，他的声音却淹没在女儿与妻子关于学校的讨论中。赵强放下筷子，默默地吃饭，心里叹息道："我好像已经成了家里的'透明人'。"

这个场景，或许让许多人感到熟悉。在很多家庭中，某些成员的感受和情感需求会因为长期得不到回应而渐渐被忽视，他们逐渐感到自己在家庭中失去了存在感，成了一个"透明人"。

"透明人"现象的心理根源

"透明人"现象并不是指家庭成员有意冷落某人，而是因为日常的忙碌和沟通习惯，某些人的情感需求和表达方式没有得到足够的关注，他们渐渐地感到自己的意见、感受和需求在家庭中变得不重要。这种现象常见于家庭角色的固定化，或长期的沟通不畅。

角色固化：在家庭中，每个人的角色通常随着时间的推移变得固定。例如，赵强在家庭中长期作为经济支柱，他的主要职责是工作和养家，而妻子王丽则更多负责家庭的日常事务。因此，家庭中的沟通常常围绕家庭琐事、孩子的教育问题，而赵强作为父亲和丈夫的角色逐渐被弱化，仅仅被看作是家庭中的"挣钱机器"。

情感表达的失衡：在很多家庭中，某些成员会因为性格或传统观念的影响，习惯于压抑自己的情感需求。例如，赵强作为父亲，习惯了把家庭的需求放在首位，而忽略了自己内心的情感需求。他可能从未明确表达过自己感到被忽视的感受，久而久之，家人也习惯了他的"沉默"。

日常生活的惯性：家庭生活中，日常的琐事和忙碌的节奏会让人们忽视对彼此情感需求的关注。尤其是在现代社会，孩子们忙于学习，父母忙于工作，家庭成员之间的互动常常局限于"吃饭、作业、睡觉"等日常事务，真正的情感沟通却逐渐减少。赵强作为家庭中少言寡语的角色，更容易被家人的日常生活节奏"淹没"。

"透明人"现象对家庭关系的影响

赵强的"透明人"现象，不仅对他个人的心理健康有影响，也对整个家庭的情感联结产生了深远的影响。

当一个家庭成员感到被忽视时，这不仅仅是个人感受的问题，而是家庭关系中情感疏离的信号。如果这种现象长期得不到解决，可能会带来以下几个方面的负面影响：

情感疏离：当赵强长期感到自己被忽视时，他会逐渐选择减少与家庭的互动，避免表达自己的需求和感受。家庭中的情感互动因此会变得更加单向，妻子和孩子们逐渐只关注彼此的需求，而忽视了父亲的存在，进一步加剧了情感的疏离。

心理压力的累积：赵强的被忽视感会逐渐演变为内心的孤独和压力。尽管他看似平静，但内心深处可能逐渐积累负面情绪，如挫败感、无力感，甚至会对自己的家庭角色产生质疑。这种长期的情感压抑可能会导致心理健康问题，如抑郁或焦虑。

家庭凝聚力的削弱：家庭中的每个成员都是维系家庭情感联结的重要部分，当某个成员的情感需求得不到满足时，家庭的凝聚力会逐渐削弱。赵强的"透明化"让整个家庭失去了一份宝贵的情感支持和互动机会，家庭的整体氛围也可能因此变得冷漠和疏离。

重建家庭情感连接的策略

要解决"透明人"现象，关键在于家庭成员之间重新建立有效的沟通和情感连接。让每个家庭成员都感受到被关注、被理解，是保持家庭关系健康的重要一环。以下是一些具体的心理策略，帮助每个家庭成员感受到被重视和关心：

建立定期的家庭情感交流时间

在忙碌的日常生活中，家庭成员常常忽略了彼此的情感需求。为了避免这种现象，家庭可以定期安排"家庭情感交流时间"。这段时间可以是每周一次的家庭聚会，或是每天晚上短暂的闲聊时间，目的是让每个家庭成员有机会表达自己的感受和需求。例如，赵强可以利用这个时间分享自己工作中的喜悦或舒缓工作压力，而其他家庭成员则需要认真倾听并给予反馈。这种固定的交流时间，可以帮助每个家庭成员在情感上保持联结。

学会倾听并给予回应

在家庭中，倾听是非常重要的，但很多时候，家人之间的"倾听"更多是一种表面的应付，而没有真正理解对方的情感需求。赵强的故事中，他尝试分享自己的工作趣事，却未能引起家人的关注，这让他感到被忽视。因此，家庭成员应该学会在沟通中不仅要倾听对方的语言，还要关注对方的情感。例如，王丽和孩子们在赵强说话时，应该放下手头的事情，专注听他说，并给予积极的回应，如点头、提问或简短的评论，这些小的反应能够让赵强感到被尊重和重视。

鼓励情感表达

在传统观念中，男性往往被认为不应该过多表达情感，尤其是父亲这一角色，常常被认为应该坚强、少言寡语。然而，情感表达对于每个人来说都是重要的心理需求。在家庭中，鼓励每个成员表达他们的情感，特别是像赵强这样的父亲，需要给予他们表达情感的机会和空间。例如，赵强可以在家庭会议或日常聊天中讲述他的感受，家人则应该鼓励他分享更多的个人情感体验。通过这种方式，家庭成员之间可以更好地理解彼此的内心世界，减少情感上的疏离。

分担家庭责任

在赵强的家庭中，他的角色可能主要集中在经济上的支持，而家庭的日常事务大多由妻子负责。这种分工虽然在短期内似乎有效，但从长远来看，可能会导致家庭成员之间的角色过于单一化，进而忽视了彼此的情感需求。因此，家庭可以通过重新分配家庭责任，让每个成员都能参与到家庭的不同事务中，从而增强家庭成员之间的互动。例如，赵强可以主动承担一些家庭事务，如周末购物或帮忙做饭，这不仅可以减轻妻子的负担，也能让家人看到他在家庭生活中的积极参与。

创造共同的家庭回忆

家庭的情感连接，很多时候来自共同的体验和回忆。赵强感到"透明化"，部分原因在于他与家庭成员缺少共同的互动时间和回忆。家庭可以通过一些有意义的活动，来增强情感上的连接。例如，全家可以一起度过周末，外出游玩或参与家庭项目，如一起做饭、整理房间或看电影。这些活动不仅能够增强家庭的凝聚力，还可以为家庭成员提供情感互动的机会，让赵强不再感到被忽视。

"好妈妈"和"坏妈妈"

张慧是一位32岁的母亲，有一个6岁的儿子小明。她是一个尽职尽责的妈妈，努力给孩子提供最好的教育和生活。

每天，她都会早起为孩子准备营养早餐，送他去上学，然后赶回家处理工作和家务。晚上，她还会抽时间陪儿子读书，甚至尝试为他设计一些学习游戏。然而，尽管她已经尽了最大努力，心里却常常充满了焦虑和不安。

尤其是在加入了一个名为"育儿达人"的家长微信群后，张慧的焦虑似乎变得更加严重。群里的其他妈妈们每天都会分享自己孩子的"成绩单"——谁家的孩子学会了钢琴，谁家的孩子能流利说英语，谁家的孩子数学比赛得了奖。相比之下，张慧觉得自己做得远远不够，觉得自己可能不是个"好妈妈"。

有一天，群里一个叫李姐的妈妈发了一条消息："我家小宝这周末又上了两节奥数课，还报了个拼音速记班，老师说他进步神速！真为他骄傲！"

张慧看到这条消息，感到一种无形的压力袭来。她回头看看正在看动画片的小明，心里开始自责：为什么我没有给孩子报更多的课外班？是不是因为我太放松了，小明将来会被别的孩子远远甩在后面？这种焦虑让她心情变得沉重。

在育儿群中，像张慧这样的妈妈不在少数。她们时常被别人家孩子的进步和成绩所触动，觉得自己必须做得更多，才能成为一个"好妈妈"。然而，育儿群里的比较和外部的社会压力，究竟对家庭关系和个人情感带来了怎样的影响？张慧的焦虑，又源自何处？

育儿焦虑的社会压力

在现代社会，尤其是城市生活中，许多父母面临着巨大的育儿压力。社交媒体、育儿群、父母论坛等平台，虽然为家长们提供了一个交流经验和分享育儿心得的场所，但也往往无形中加剧了焦虑感。

社会比较效应：张慧在育儿群中的焦虑，主要来源于她看到其他家长分享孩子的成就后，觉得自己落后于人。这种社会比较效应使她不断反思自己的育儿方式，觉得自己做得还不够好。心理学家费斯廷格提出的"社会比较理论"表明，人们在判断自己的能力和成就时，往往会与他人进行比较。对于张慧来说，育儿群中的比较是她焦虑的主要来源。

完美母亲的社会期待：现代社会对母亲的角色有着许多不现实的期

待。一个"好妈妈"不仅要照顾孩子的饮食起居，还要在孩子的教育、性格培养和情感关怀上无微不至。社交媒体上的"成功母亲"形象往往让普通母亲感到压力。张慧看到别的妈妈们不断地"刷成绩单"，觉得自己做得不够好，这正是源于社会对"完美母亲"的高要求。

育儿焦虑的扩散效应：育儿群里的焦虑往往是会扩散的。当一个妈妈分享孩子在某方面的成就时，其他妈妈容易感到自己和孩子需要"追赶"这个标准。这种扩散效应让原本无意识的焦虑变得更为普遍。张慧的焦虑不仅是自己对育儿方式的反思，更多是被群里的讨论推向了一种竞争心态。

育儿焦虑如何影响家庭关系

张慧的焦虑不仅影响了她个人的情绪，也对她的家庭关系产生了深远的影响。在许多家庭中，育儿焦虑往往会造成以下几个方面的问题：

亲子关系的紧张：张慧因为焦虑开始强迫自己为小明安排更多的学习和课外活动，而这实际上并不是小明真正的需求。为了迎合外部的压力，张慧可能会增加对孩子的要求，强迫他参加更多的兴趣班或辅导班。这不仅会让孩子感到压力，也会破坏亲子之间的亲密关系。小明可能会因为过多的课外负担而感到厌烦，母子间的互动因此变得更加紧张和不愉快。

夫妻关系的疏远：育儿焦虑往往会让母亲将大部分注意力和精力集中在孩子身上，而忽略了夫妻之间的关系。张慧一心想着如何为小明规划更多的学习资源，却忽视了与丈夫之间的情感交流。丈夫可能感到被冷落，进而夫妻之间的沟通减少，关系逐渐疏远。

自我认同的削弱：育儿焦虑让母亲不断怀疑自己是否足够好。张慧的内心自我评价逐渐依赖于外部的反馈，当她看到别人家的孩子取得优异成绩时，会自责自己作为母亲的不足。这种自我认同的削弱会导致母亲情绪上的不稳定，长期的自我否定甚至可能引发焦虑和抑郁。

减轻外部压力，建立信任与支持系统

面对外部社会压力和育儿焦虑，家庭必须建立起一套信任与支持系统，帮助每个成员减轻外部的负担，恢复内心的平衡。以下是一些实用的策略，帮助家庭应对育儿焦虑，建立内部的信任与支持。

重新定义"好妈妈"的标准

张慧之所以感到焦虑，是因为她将"好妈妈"的标准建立在了外部比较之上。她认为，只有孩子取得卓越的成绩，她才能成为一个合格的母亲。然而，家庭内部的健康和幸福远远比外部的成就更为重要。张慧需要重新思考，真正的"好妈妈"并不是让孩子参加最多的课外班或取得最优异的成绩，而是能够理解孩子的需求，尊重他们的兴趣和成长节奏。

一个好妈妈不应该只是外界定义的"完美母亲"，而是能够关心孩子情感发展、与孩子建立深厚亲密关系的人。张慧可以通过与小明更多的陪伴和沟通，了解他真正喜欢什么，而不是一味追求外部的标准。

增强家庭的情感支持

育儿焦虑往往会削弱家庭成员之间的情感支持。张慧应该与丈夫和孩子建立起更加稳固的情感联结。她可以与丈夫坦诚地分享自己的焦虑和压力，寻求他的理解和帮助。丈夫的支持不仅可以帮助她减轻压力，还可以增强夫妻之间的关系。通过家庭内部的情感支持，张慧会逐渐感受到来自家人的认可，而不再过分依赖外部评价。

加强与孩子的互动，关注情感需求

在育儿中，母亲往往过分关注孩子的学业和外部表现，忽视了他们的情感需求。张慧可以更多地关注小明的内心世界，而不是让他的生活被课外活动填满。她可以通过更多的非学习活动，如一起玩耍、聊天、阅读等，增进亲子之间的情感交流。这种互动不仅能够让孩子感受到母亲的关爱，也能帮助张慧更好地理解孩子的成长需求，减轻自己的焦虑。

减少社交媒体的比较

社交媒体和育儿群虽然为父母提供了交流平台，但也可能成为焦虑的来源。张慧可以试着减少在育儿群中的参与，避免过度关注别的孩子的成就，而是将注意力放在自己孩子的成长上。每个孩子都有独特的发展节奏，盲目比较只会增加无谓的压力。减少社交媒体的使用，能够帮助张慧更加专注于家庭内部的互动，缓解外部压力。

建立家庭内部的自我肯定机制

家庭成员之间的支持和鼓励可以成为缓解育儿焦虑的有力工具。张慧可以通过建立一个"家庭成就记录"的方式，每周与家人一起分享本周的成功和进步，不论大小。每个家庭成员都可以互相鼓励和赞美，让每个人感到自己的努力和成就得到了认可。这种内部的肯定机制不仅能增强家庭的凝聚力，还能帮助母亲摆脱外部压力的束缚。

学习心理调适，放松自己

母亲在育儿中感到焦虑是正常的，但长期的焦虑会影响心理健康。张慧可以尝试一些心理调适的方法，例如冥想、瑜伽或深呼吸练习，帮助自己放松身心，减轻压力。同时，她可以定期安排一些"个人时间"，脱离育儿的责任，做一些自己喜欢的事情，保持心理的平衡和健康。

张慧的故事是许多母亲的缩影。她们在育儿的过程中承受着来自社会和周围的巨大压力，时常感到焦虑和不安。然而，家庭的幸福和孩子的成长，最终依赖于家庭内部健康的情感连接。

通过重新审视"好妈妈"的标准，减少外部的比较焦虑，增强家庭内部的情感支持，母亲们可以逐渐摆脱外部压力，重新找到育儿的乐趣和成就感。张慧需要理解，真正重要的不是外界的评价，而是她和孩子、丈夫之间的深厚情感纽带。这种情感联结，才是家庭幸福的根本，也是育儿过程中最值得珍视的部分。

第二章

系戏 关游 子形 亲的
XI XI
GUAN YOU
ZI XING
QIN DE
YIN

"我忙着工作，也是为了你们好"

从"听话"到"叛逆"

孩子为什么不愿意说话？

如何看待"别人家的孩子"

"我忙着工作，也是为了你们好"

赵立是一家外企的部门经理，工作繁忙，日常的生活节奏总是被电话、会议和加班塞得满满的。每一天，他都早出晚归，深夜回到家时，孩子已经入睡。周末也常常因为公司的突发状况，得在家中继续处理工作。

赵立坚信，自己所做的一切，都是为了家庭，为了让孩子将来能有更好的生活条件、更好的教育环境。然而，尽管他付出了无数时间和精力，家里的氛围却日益冷淡，尤其是和儿子小凯之间的距离越来越远。

有一天晚上，赵立回到家，发现小凯坐在沙发上，脸色阴沉。赵立以为小凯是在为学校的事情烦心，于是随口问道："今天在学校怎么样？成绩还好吗？"

小凯低着头，半天没有回应。过了一会儿，他忍不住反问道："爸爸，你每天除了问我成绩，还能不能关心点别的？"

赵立有些不解，"我这么辛苦工作，不就是为了你能上个好学校，有个好未来吗？我关心你的成绩，也是为了你好啊。"

小凯的脸上闪过一丝失望，"可你从来都不真正了解我在想什么，也没时间陪我。"

赵立感到一阵无力与挫败。他一直以为，自己忙碌的工作、丰厚的收入、对孩子教育的高期望，都是作为父亲的责任和爱的体现。然而，在儿子的眼中，这些似乎成了他们关系疏远的原因。

赵立的困惑和失落，是很多职场父亲的真实写照。他们全心全意地投入到工作中，认为这是为孩子提供优质生活的必要途径，但忽视了孩子真正的情感需求和陪伴时间。这个矛盾揭示了"工作—家庭平衡"的错位。

"工作—家庭平衡"的错位：父亲的迷思

许多父亲，尤其是职场上的"拼命三郎"，像赵立一样，把工作看作家庭幸福的基础。他们坚信，自己努力工作、挣更多钱，就是在为家庭付出，就是在为孩子创造更好的生活。然而，这种观念虽然无可厚非，却容易造成两种错位：

时间错位：父亲忙于工作，长时间缺席家庭生活，导致亲子间的互动减少，甚至完全脱节。即使在家时，工作往往仍然占据着他们的注意力，手机和电脑成为"不可或缺"的工具，实际陪伴时间大大缩水。

情感错位：父亲往往用"为孩子提供经济支持"来表达对孩子的爱，忽视了孩子在情感层面上的需求。赵立认为，自己为小凯提供了好的生活条件，这本身就是最好的爱，但他却忽略了孩子渴望的更多是父母的理解、陪伴和关心，而不仅仅是物质上的满足。

孩子的情感需求：超越物质支持

孩子需要的不仅仅是金钱、优越的物质条件，甚至学习成绩和未来成功的机会。

相反，孩子最需要的是父母的时间、陪伴和理解。从心理学角度来看，孩子的情感需求包括以下几个方面：

被关注的感觉：孩子希望父母能够真正关心他们的生活，了解他们的想法和感受，而不仅仅是关心他们的成绩或表现。

对小凯来说，赵立的工作和物质付出固然重要，但他的渴望更在于父亲能够真正倾听自己，陪伴在自己身边。

情感支持：成长过程充满挑战，孩子们不仅需要物质上的支持，还需要情感上的支持。他们希望父母在面对困境时，能够提供安慰、鼓励和指导，而不是只关注结果。

亲密关系的建立：父亲与孩子之间的关系不应该仅仅建立在责任和物质供应之上，还需要通过实际的互动、共同的经历和亲密的沟通来增强彼此的情感连接。

赵立和小凯之间的矛盾并不是罕见的现象。

许多职场父母在努力提供经济支持的过程中，忽略了孩子最基本的情感需求。而当孩子感到父母不再真正理解自己、关注自己时，亲子之间的关系也会逐渐疏远。

如何平衡工作与家庭：有效陪伴的策略

解决"工作—家庭平衡"的错位，并不意味着父亲们必须减少工作，放弃自己的职业追求。

相反，关键在于如何高效、真诚地陪伴孩子，让孩子在有限的时间内感受到父亲的关爱与支持。以下是一些具体的策略，帮助父亲们更好地平衡工作与家庭，重建亲子关系：

安排优质的陪伴时间

工作繁忙的父亲可能无法每天长时间陪伴孩子，但可以确保在某些特定的时间段全身心地陪伴孩子。

　　赵立可以设定每周一次的"父子时光"，不论是在家中一起打游戏、下棋，还是去公园散步，这段时间专属于孩子，没有工作干扰。关键是让孩子感受到这段时间里父亲的专注和真诚关心。

　　学习"有效倾听"

　　父亲们常常在孩子面前容易扮演"解决问题者"的角色，习惯于给出建议和意见，而忽视了孩子真正需要的情感回应。

　　有效倾听意味着父亲在与孩子对话时，不仅要听孩子在说什么，还要理解孩子背后的情感。

　　赵立可以在小凯表达不满时认真倾听，给予孩子情感上的回应而不是立刻解释或反驳。

　　创造家庭仪式感

　　在忙碌的日常生活中，父亲可以通过一些小的家庭仪式来增强亲子关系。

　　这种仪式感不一定需要复杂，比如每天晚餐时一起讨论当天最有趣的事情，或者每天晚上睡前给孩子讲一个故事。通过这些小仪式，孩子可以感受到家庭的温暖和父亲的关怀。

　　理解并尊重孩子的兴趣和需求

　　赵立习惯性地关注小凯的学习成绩，但小凯真正感兴趣的可能是他与朋友们的互动，或他在学校社团中的表现。

　　父亲们可以通过了解孩子的兴趣，尊重他们的爱好，与他们一起参与这些活动，进一步拉近彼此的距离。

　　例如，赵立可以试着和小凯讨论他喜欢的游戏，或者了解他对某项运动的热爱。通过这种方式，父亲不仅能更好地理解孩子，还能通过共同的兴趣增强亲子之间的情感连接。

避免"只谈成绩"

赵立与小凯的对话中，成绩成了几乎唯一的主题，而这正是亲子关系中常见的问题。父亲应该学会关注孩子生活的其他方面，而不仅仅是学业。

通过谈论他们的朋友、爱好、梦想等话题，父亲可以更好地走进孩子的内心世界，建立更全面的亲子关系。

开放式问题，促进交流

在与孩子的沟通中，父亲们可以尝试用开放式的问题来引导孩子表达更多感受，而不是简单的"成绩怎么样？"或"功课做完了吗？"。

例如，赵立可以问小凯："今天学校里有没有发生什么有趣的事情？"或者"最近有没有什么让你特别开心的时刻？"这些问题可以引发孩子更多地分享，并为亲子间的情感互动创造机会。

父亲的情感表达

很多父亲在家庭中被认为是"理性"的象征，往往少言寡语，尤其是在情感表达方面较为含蓄。然而，孩子同样需要从父亲那里感受到直接的情感关怀。

赵立可以通过更加主动的情感表达，来让小凯感受到父亲的爱，比如多一点身体接触（如拥抱），多表达关心与鼓励。这些看似简单的情感表达，会让孩子感受到父亲在自己生活中的重要性。

赵立的故事是许多职场父亲的真实写照。为了家庭、为了孩子，他们付出了大量的时间和精力，认为这就是父爱最好的表达。

然而，孩子真正渴望的，不仅仅是丰厚的物质生活和学业上的支持，更多的是父亲在情感上的陪伴和理解。

平衡工作与家庭的关键在于，父亲们需要意识到：父爱不仅是责任，还包含着陪伴、倾听和情感的连接。通过有质量的陪伴、真诚的沟通和理解，职场父亲们可以在忙碌的工作之余，依然为孩子提供他们最需要的情感支持，帮助他们健康快乐地成长。

从"听话"到"叛逆"

小宇是个十五岁的男孩，曾经是父母眼中的"乖孩子"。从小他就懂事听话，成绩优秀，从不惹麻烦。父母对他的期望很高，而小宇也总能达到父母的要求。然而，最近几个月，小宇的行为却发生了巨大的变化。他变得越来越叛逆，常常与父母顶嘴，甚至在学校也出现了违反纪律的现象。

"小宇，怎么回事？你怎么又没按时完成作业？"一天晚上，小宇的妈妈张兰再次发现小宇的作业没有按时完成，语气中充满了不解和责备。

"我不想做，反正做了也没用！"小宇不耐烦地答道。

"怎么会没用？你以前可不是这样的！你是越来越不听话了！"张兰的声音变得急促。

小宇把书一扔，气冲冲地回到自己的房间，狠狠地关上了门。这已经不是第一次了。从小宇进入青春期开始，母子之间的冲突越来越频繁。张兰感到困惑，为什么曾经那个乖巧听话的儿子突然变得如此叛逆？她不知道该如何应对，也不知道小宇为何会变得如此不可理喻。

小宇的变化看似突然，但实际上，这个过程是渐进的。他的行为背后隐藏着深层次的心理变化，传递出一种无声的"心理求救信号"。通过深入理解这些信号，父母可以找到更有效的方式来引导孩子，重新建立信任的亲子关系。

孩子叛逆的背后：心理求救信号

叛逆期是很多青少年的常见现象，尤其是在进入青春期后，孩子在自我认同和独立性发展的过程中，常常表现出与父母的冲突。小宇的叛逆并不是偶然现象，而是他内在心理变化的反映。

在这个阶段，孩子的行为往往向父母发出了一些"心理求救信号"，通过解读这些信号，父母能够更好地理解孩子背后的情感和需求。

独立性与自主性的渴望

青春期的孩子逐渐从依赖父母转向追求独立，他们渴望在生活中拥有更多的自主权。然而，父母往往因为习惯了从小对孩子的全面管理，难以适应这种转变。小宇的不愿按时完成作业，实际上是他渴望在自己的生活中获得更多的掌控感。他通过"对抗"父母的要求，试图证明自己的独立性。

自我认同的困惑

在青少年阶段，孩子开始思考"我是谁"，并在寻找自我认同的过程中经历情感上的波动。曾经听话的小宇，在学校和生活中面对越来越多的选择和挑战。他对父母的期望感到压力，同时也开始质疑这些期望是否真正符合自己的内心需求。这种认同上的迷茫，往往通过叛逆行为表现出来。

情感的压抑与释放

小宇的突然转变，可能是因为他在情感上经历了一段压抑期。在某些家庭中，父母可能会无意中给孩子施加过多的压力，期待他们保持优秀、乖巧，而孩子出于讨好父母的心理，压抑了自己的真实感受。长期的情感压抑最终会通过叛逆行为爆发出来。例如，小宇可能一直压抑着对学校和学习的不满，直到他感到无力再满足父母的期望，最终通过反抗来释放这些积累的情绪。

沟通不畅导致的情感疏离

在叛逆期，亲子沟通往往会变得更加困难。父母和孩子之间的对话，常常以争吵或沉默告终。小宇和张兰的冲突，源于双方在情感和沟通上的疏离。张兰感到小宇不再"听话"，而小宇则觉得父母根本不理解自己。缺乏有效沟通的结果是，孩子越来越感到孤立，父母则越来越困惑。

通过理解与引导重新建立信任

叛逆期的孩子，并不是无理取闹或故意对抗父母。他们的行为背后隐藏着深刻的情感需求和心理信号。父母如果能够通过理解和引导，帮助孩子度过这个阶段，不仅能减少冲突，还能重新建立起亲子之间的信任和情感连接。

尊重孩子的独立性，给予适度的自主权

对于青春期的孩子来说，独立性是非常重要的心理需求。父母可以通过适度地放手，给予孩子一定的自主权来缓解叛逆情绪。例如，张兰可以尝试与小宇商量作业的安排，而不是简单地命令他按时完成。通过协商，父母可以让孩子在决策中感受到自己的重要性，同时也能引导孩子学会为自己的选择负责。

倾听，而不是说教

父母常常在孩子表达情绪时，立即给出建议或批评，结果往往适得其反。叛逆期的孩子需要的是被倾听，而不是被教导。张兰可以在小宇情绪激动时，先暂时放下自己的判断，认真倾听小宇的抱怨和不满，试着理解他背后的情感。

例如，当小宇说"做了也没用"时，张兰可以回应："我感觉到你觉得现在的学习让你很烦，你是不是感到压力很大？"这样的回应能够让孩子感受到父母的理解，从而愿意进一步沟通。

减少控制，增加支持

许多父母在面对孩子的叛逆时，会采取更强硬的控制措施，试图通过规则和纪律来解决问题。然而，这种方式往往会导致亲子关系进一步恶化。与其加强控制，父母可以更多地提供情感上的支持。比如，当小宇因为学业压力感到烦躁时，张兰可以通过陪伴和鼓励，帮助他减轻压力，而不是一味强调成绩的重要性。

鼓励情感表达，避免压抑情绪

孩子的叛逆行为往往是情感压抑的结果。父母需要创造一个开放的家庭氛围，鼓励孩子表达自己的情感，而不是压抑。张兰可以与小宇定期进行"情感分享"，让小宇有机会谈谈自己的感受和困惑，而她则专注于倾听和理解，而不是立即给予批评或建议。通过这种方式，孩子的情感压力可以得到释放，父母也能更好地了解孩子的内心世界。

建立家庭中的信任感

信任是亲子关系的基础。孩子需要感受到，即使他们做错了事，父母也会给予他们理解和支持。张兰可以通过减少责备，增加理解来重建与小宇的信任。例如，当小宇因为没有按时完成作业而感到焦虑时，张兰可以说："我知道你最近压力很大，没做完作业也没关系，我们一起想办法，看看能不能把事情理清楚。"这样的回应能够让孩子感到父母是站在他一边的，而不是批评他的对立者。

平衡期望与现实，避免过度压力

父母对孩子的期望往往是导致叛逆的重要原因之一。过高的期望会让孩子感到难以承受的压力，最终导致他们选择反抗。

张兰可以通过调整对小宇的期望，给予他更多的成长空间。她可以向小宇表达："我知道你一直很努力，我们都为你感到骄傲，不管你的成绩怎么样，我们都支持你。"这种表达能够减轻孩子的压力，帮助他们专注于自己的成长，而不是一味迎合父母的期望。

从"听话"到"叛逆"，孩子的转变并不是简单的行为问题，而是他们在成长过程中面对的心理挑战的表现。父母如果能够通过理解和引导，识别出孩子行为背后的"心理求救信号"，便能帮助孩子渡过叛逆期，重新建立起信任和亲密的亲子关系。

小宇的叛逆，其实是他在寻找自我和表达情感的方式。张兰通过倾听、理解和支持，不仅可以化解冲突，还能让孩子感受到父母的爱与关怀。

最终，叛逆期并不是一场亲子战争，而是一段亲子关系深化的机会。如果父母能在这段时间内给予孩子更多的理解与宽容，孩子也将从中获得成长的力量。

孩子为什么不愿意说话？

晚餐时间，李强一家三口坐在餐桌旁。父亲李强和母亲王芳兴致勃勃地向儿子小杰发问，试图了解他一天的生活。

"今天学校怎么样啊？"李强夹了一筷子菜，笑着问道。

"还行。"小杰低头吃着饭，淡淡回应。

"那你最近功课怎么样？考试复习得如何了？"王芳跟着问道。

"还好。"小杰依旧没什么情绪，继续低头吃饭。

李强和王芳对视了一眼，心里不免有些失落。每次他们试图和小杰交谈时，总是得到这样简短的回答，仿佛儿子对他们的问题毫无兴趣。父母热情地发问，孩子却冷淡敷衍，这样的对话在很多家庭中屡见不鲜。

王芳忍不住抱怨："怎么每次跟你说话你都不愿意多讲呢？我们关心你，你就不能多说几句吗？"

小杰放下筷子，瞥了一眼父母，"有什么好说的？学校不就是那样吗，没什么特别的。"

这样的对话场景在许多家庭中真实存在。父母关心孩子的生活和学业，试图通过对话来了解孩子的状态，但孩子却总是表现得冷淡和不配合。父母开始怀疑自己做错了什么，为什么曾经愿意分享生活点滴的孩子，现在变得不再愿意交流？孩子为什么不愿意说话了？这背后，可能不仅仅是成长的变化，还有更深层的沟通问题。

孩子为何对话冷淡？

随着孩子逐渐长大，尤其是在进入青春期后，很多父母发现与孩子的沟通变得越来越困难。孩子从曾经的健谈、亲近，逐渐变得冷淡、寡言。为什么会出现这种变化？分析其背后的原因，可以发现以下几方面的问题：

父母的询问方式过于单一和重复

很多父母在与孩子沟通时，通常会问一些固定的问题，比如"今天怎么样？""功课做得怎么样？"或者"最近考试复习如何了？"这些问题听起来关心，但实际上显得非常"套路化"。孩子在面对这些问题时，可能会觉得父母并不是真正感兴趣，而只是例行公事式地发问，缺乏真正的情感投入。因此，孩子逐渐对这样的对话失去了兴趣，回应也就变得敷衍。

缺乏有效地倾听和共鸣

在对话过程中，很多父母往往急于得到答案，而忽略了倾听的过程。当孩子试图表达自己的感受时，父母往往会打断，或者立即给出建议和解决方案，结果让孩子觉得自己没被真正理解和尊重。久而久之，孩子对父母的回应不再抱有期待，甚至觉得和父母交流只会招来更多的责备和建议，因此选择闭口不言。

青春期的独立意识

青春期的孩子开始逐渐形成自己的独立人格和隐私意识，他们渴望更多的自我空间，不希望父母过多干涉自己的生活。与小时候不同，孩子在这个阶段的自我保护意识更强，尤其在面对父母的追问时，常常选择冷淡回应，以此来保持自己的独立性。

害怕父母的批评或评价

孩子可能因为担心父母对他们的回答做出批评或负面的评价，而选择尽量少说话，避免更多的冲突或责备。比如，小杰可能觉得如果告诉父母学校的具体情况，父母会继续追问或批评他的表现，因此他宁愿用"还行"这样的回答来避免进一步的讨论。

打破亲子沟通冷淡的策略

要打破孩子不愿说话的冷淡局面，父母需要调整自己的沟通方式，学会如何有效地与孩子交流。通过正确的沟通技巧，父母不仅可以了解孩子的内心世界，还能重新建立亲子之间的信任与亲密感。

第一，使用开放式问题，激发孩子的表达欲。

与其问"今天学校怎么样？"这样封闭式的问题，父母可以试着问一些开放式问题，引导孩子主动分享更多信息。例如：

"今天在学校里有没有发生什么让你觉得特别有趣的事？"

"你最近有没有发现自己特别感兴趣的东西？"

"今天有什么事情让你觉得很开心或不开心吗？"

这些问题的开放性能够激发孩子的思考和表达欲，而不是简单地给出"还行""还好"这样的敷衍回答。通过开放式问题，父母可以引导孩子分享更多关于他们情感、兴趣或困惑的信息，让对话变得更加丰富和有深度。

第二，学会积极倾听，给予情感回应。

积极倾听是打破沟通冷淡的另一个关键。很多父母习惯性地在孩子说话时打断，急于给予建议或评价，而这正是孩子不愿意再多说话的原因之一。积极倾听要求父母在对话时保持专注，真正去听孩子在说什么，并对孩子的情感做出回应。

例如，当孩子说：今天学校有点烦，我不喜欢老师的教学方式。父母的回应不应是立刻建议如何解决问题，而是先确认孩子的情感："听起来你今天确实过得不太开心，你能跟我说说老师的具体做法吗？"这样的回应让孩子感受到父母是在真正理解他的感受，而不是仅仅给建议或评价。

第三，避免过度的追问和压力。

很多父母在沟通时会表现出过度的关心，频繁追问孩子的学习、成绩、朋友关系等，这往往让孩子感到压力和不自在。尤其是在孩子不愿多说的情况下，父母越是追问，孩子越是容易退缩，甚至产生抗拒心理。因此，父母需要学会适度地给孩子空间，尊重他们的隐私和独立意识。

如果孩子表现得不愿多说话，父母可以暂时停止追问，等待合适的时机再继续交流。比如，当孩子表现得有点不愿意分享时，父母可以说："我看到你今天可能不太想多聊，没关系，我们可以等你想说的时候再聊。"这种尊重孩子情感状态的做法，有助于建立一个更加轻松和开放的沟通氛围。

第四，注重日常互动中的情感连接。

亲子沟通不仅仅是对话内容，日常的互动和情感连接同样重要。父母可以通过更多的陪伴和互动活动，增强与孩子的情感联系。例如，周末与孩子一起参与他们感兴趣的活动，无论是看电影、打游戏，还是运动，都能够拉近彼此的关系，让孩子在日常生活中感受到父母的关注和爱意。

情感连接不仅体现在对话中，还体现在生活的方方面面。通过这些活动，孩子会逐渐觉得父母不仅仅是"提问者"或"监督者"，还是自己的支持者和朋友，这有助于减少他们在沟通中的防备心理。

第五，尊重孩子的表达方式与情感状态。

每个孩子在不同阶段对沟通有不同的需求和方式，父母需要学会尊重孩子的表达风格。有的孩子可能不喜欢通过言语表达自己，父母可以尝试通过其他方式了解他们的内心世界，例如通过绘画、写作，甚至他们喜欢的音乐或游戏。父母可以通过这些媒介，探索孩子的兴趣和感受，从而为进一步的对话创造机会。

此外，尊重孩子的情感状态也非常重要。有时，孩子可能处于情绪低落或疲倦的状态，不愿意多说话。这时，父母不要过度逼迫，而是可以通过简单的陪伴，让孩子感受到父母的理解和支持。

孩子不愿说话，往往并不是他们对父母的抵抗，而是沟通方式不适合他们内心的需求。打破亲子之间的冷淡沟通，关键在于父母需要调整自己的沟通方式，避免用"例行公事"式的提问，而是通过开放式问题和积极倾听，让对话变得更加自然和有温度。

通过尊重孩子的独立性、倾听他们的真实感受、减少过度的追问和压力，父母能够重新建立起亲子之间的信任和情感连接。最终，沟通不再只是信息的传递，而是家庭中情感与理解的桥梁，让孩子感受到，父母不仅仅是生活的管理者，更是他们人生路上最坚定的支持者。

如何看待"别人家的孩子"

在一个热闹的家庭聚会上,赵家一家四口和亲戚们围坐在餐桌前。饭桌上聊着家常,话题很快转到了孩子的身上。赵强的儿子小明今年12岁,成绩中等,平时喜欢打游戏,成绩虽然不算差,但也并不出类拔萃。与小明相比,表弟小龙则是亲戚们口中的"别人家孩子",不仅学习成绩优异,还擅长钢琴和绘画,常常在各种比赛中获奖。

"你看看你表弟小龙,最近又拿了市里的奥数比赛第一名,钢琴八级也通过了,真是让人骄傲啊!"小龙的妈妈一边说,一边欣慰地看着自己的儿子。

赵强的母亲顺势说道:"是啊,小龙这么努力,真是个好榜样。小明,你也应该向你表弟多学习学习,可不能光顾着玩游戏啊。"

听到这番话,小明的脸色立刻暗了下来,低头吃饭,不再说话。他心里充满了失落和委屈,觉得自己在大人眼中永远不如别人家的孩子。

这种家庭聚会中的"比较"场景在很多家庭中并不陌生。父母常常无意识地用"别人家的孩子"作为衡量自己孩子的标准,希望通过这种比较激励孩子变得更优秀。然而,这种比较不仅无法激励孩子,反而会伤害他们的自尊心,甚至造成长期的心理创伤。那么,为什么父母喜欢用"别人家的孩子"来比较?这种行为对孩子的自尊心有哪些影响?又该如何避免?

"别人家的孩子"：比较背后的心理动机

父母将孩子与"别人家的孩子"进行比较，背后往往有着复杂的心理动机。

对孩子的期望过高

许多父母对自己的孩子寄予厚望，期望他们在学习、才艺、品行等各个方面都能出类拔萃。因此，当看到别人的孩子表现优秀时，他们难免会感到焦虑，并将这种焦虑转化为对自己孩子的期待和要求。赵强的母亲在家庭聚会上提到小龙的优异表现，背后是对小明"希望变得更好"的心理动机，但这种期望却忽略了孩子自身的个性和发展节奏。

比较带来的短期满足感

父母之间常常会在无形中进行"孩子竞争"，通过比较别的孩子来检验自己孩子的表现。这种比较行为，往往能够在短期内给父母带来满足感，尤其是在别人称赞自己孩子时，父母会感到自豪。但当自己的孩子不如"别人家的孩子"时，父母则可能产生失望和焦虑，于是将压力转嫁给孩子。

缺乏对个体差异的认识

每个孩子的发展速度、兴趣和特长都不同，但父母常常忽略这一点。他们希望自己的孩子能够像其他优秀的孩子一样，在所有方面都表现出色，却忽略了每个孩子都是独特的个体。这种一刀切的比较方式，实际上忽视了孩子自身的兴趣和潜力。

比较对孩子自尊心的影响

父母的比较行为，尤其是以"别人家的孩子"为标准，往往会对孩子的自尊心产生深远的影响。自尊是孩子在成长过程中逐渐形成的对自己能力、价值的认知。如果父母频繁将孩子与别人比较，孩子的自尊心容易受到伤害，进而影响他们的心理健康。

自我价值感的降低

当孩子被反复拿来与"别人家的孩子"比较时，他们很容易产生一种"我永远不够好"的感觉。小明在家庭聚会中，听到父母赞扬表弟小龙，感到自己无论怎么努力，都无法达到大人眼中的标准。这种反复的比较会让孩子逐渐质疑自己的能力，认为自己在父母的眼中总是不如别人，从而导致自我价值感的降低。

形成消极的自我认知

孩子在成长过程中，需要通过周围人的反馈来形成对自己的认知。如果父母总是通过比较来评判孩子的表现，孩子可能会形成消极的自我认知。小明在父母的不断比较下，可能会认为自己不擅长学习、不如表弟优秀，进而放弃努力，觉得无论怎么做都不会得到父母的认可。

亲子关系的疏远

比较不仅伤害孩子的自尊心，还会影响亲子关系的质量。孩子可能会觉得父母不理解自己，甚至认为父母更喜欢"别人家的孩子"。久而久之，孩子会变得不愿与父母沟通，亲子关系变得冷淡。小明在家庭聚会后表现出的沉默，正是他对父母的失望和无奈的反应。

避免比较，促进孩子健康成长

为了避免"别人家的孩子"带来的负面影响，父母需要在教育孩子的过程中，调整自己的沟通方式，学会用欣赏和鼓励的方式来促进孩子的健康成长。以下是一些具体的策略，帮助家长更好地理解和支持自己的孩子。

关注孩子的个体差异，尊重每个孩子的独特性

每个孩子都是独特的个体，有着自己独特的兴趣、天赋和成长节奏。父母应该学会尊重这种个体差异，而不是用统一的标准来衡量孩子的表现。例如，小明可能没有表弟小龙在学习和才艺方面表现突出，但他可能在其他领域具有潜力，比如社交能力或运动才能。父母应该关注孩子的强项，帮助他们发展自己的兴趣，而不是让孩子一味追随"别人家的孩子"的轨迹。

用欣赏和鼓励代替批评和比较

父母的肯定和鼓励对孩子的自尊心有着至关重要的作用。相比于用"别人家的孩子"作为参照，父母可以通过欣赏和鼓励孩子的进步和努力，来增强他们的自信心。例如，当小明在某个学科上有了进步，父母可以说："你最近在数学上的表现越来越好，我注意到你真的很努力。"这种肯定能够让孩子感受到父母的认可，从而激发他们继续进步的动力。

强调过程而非结果

在教育孩子的过程中，父母应更多关注孩子的努力过程，而不是仅仅关注结果。通过鼓励孩子在学习或生活中付出的努力，父母可以让孩子明白，成功并不仅仅取决于成绩或表面上的胜利。例如，父母可以对小明说："你最近每天都按时完成作业，而且我看你越来越认真地复习，尽管考试成绩还不是你想要的，但你的努力是值得肯定的。"

建立积极的家庭氛围

一个积极的家庭氛围能够帮助孩子形成健康的自尊和心理。父母可以通过与孩子更多地进行开放性的对话，了解他们的内心世界，减少对孩子施加的外部压力。在家庭聚会中，父母可以选择不将孩子与他人进

行比较，而是更多地讨论家庭成员的共同兴趣，增强家庭之间的互动和情感连接。

教导孩子如何应对比较

尽管父母可以避免在家庭内部比较孩子，但在外部社会中，孩子仍然可能面临来自同龄人的比较压力。因此，父母也应教导孩子如何应对比较。父母可以通过引导孩子认识到，比较是一种常见的社会现象，但并不意味着自己不够好。鼓励孩子关注自己的成长目标，而不是一味和别人竞争。

增强亲子之间的情感连接

父母与孩子之间的情感连接是避免比较伤害的有效方式。通过日常的陪伴和互动，父母可以增强与孩子之间的情感纽带，让孩子感受到无条件的爱与支持。小明的父母可以通过更多的家庭活动，如一起运动、旅行、游戏等，来加强与孩子的情感连接，从而减少外部比较对孩子自尊心的影响。

父母在教育孩子的过程中，常常无意识地将"别人家的孩子"作为标准，但这种比较往往会伤害孩子的自尊心，并破坏亲子关系。通过理解孩子的个体差异，采用欣赏和鼓励的方式，父母可以帮助孩子树立健康的自尊心，促进他们的心理成长。

最终，父母要明白，孩子的成长是一个独特的过程，他们需要的是父母的认可和支持，而不是与他人比较的压力。通过建立积极的家庭氛围，关注孩子的努力过程，父母不仅能够帮助孩子更加自信地面对成长中的挑战，还能够让亲子关系更加紧密。

第三章

系妻道 XI QI DAO

关夫之 GUAN FU ZHI

庭的处 TING DE CHU

家中相 JIA ZHONG XIANG

"谁来照顾孩子？"

"他/她变了"

"小事"背后的"大情绪"

婚姻需要经营

"谁来照顾孩子？"

林凯和张倩是一对30多岁的年轻夫妻，育有一个3岁的女儿小萌。林凯在一家外企工作，平日里工作繁忙，经常加班；而张倩在一所小学教书，工作虽然稳定，但也常常因为学校的事务感到疲惫。

随着小萌逐渐长大，育儿和家务的负担日益增加，夫妻之间关于谁来照顾孩子、谁来分担家务的矛盾也越来越明显，但这些矛盾往往并没有通过直接的对话被明确指出。

一天晚上，林凯回到家已经是晚上8点多，疲惫地瘫在沙发上。他打开手机，开始刷新闻，享受着下班后难得的片刻放松。张倩则在厨房忙着准备晚饭，时不时地还要应对在客厅玩耍的小萌的喊叫声。厨房里的水声、餐具的碰撞声、孩子的吵闹声混杂在一起，张倩的情绪逐渐积累。

"小萌，你爸回来了，快去让他陪你玩会儿。"张倩对女儿喊道。

小萌跑到林凯身边，而林凯依然盯着手机，随口回应道："爸爸刚回来，先休息一会儿，等下再陪你玩。"

张倩听到林凯的回应，眉头微皱，但没有说什么。她继续忙着做饭，心里却越来越不满。

晚饭时间，张倩一边吃饭，一边开口："你今天又加班这么晚，孩子几乎都没时间见到你。"

林凯叹了口气："工作这么忙，没办法啊，我这也是为了家里。"

张倩放下筷子，有些无奈："我也工作，也很累啊。可是回到家我还要照顾孩子、做饭、收拾家里，难道这些都应该是我一个人的责任吗？"

林凯愣了一下，没想到张倩会突然提到这个话题。他感到有些委屈："我也不是不想帮忙啊，但你也知道我工作累，回到家就想放松一下。再说了，我赚钱也是为了这个家啊。"

张倩的语气变得激动起来："那我呢？难道我就不累吗？我也有工作，我也需要休息，可家里的事情总是落在我一个人身上。你觉得这是公平的吗？"

两个人的对话陷入了僵局。虽然表面上是关于谁来照顾孩子、分担家务的问题，但背后隐藏的，却是夫妻之间关于角色分工和期望的巨大差异。林凯和张倩的矛盾并不罕见，很多家庭都会面临类似的情况：夫妻双方对家务和育儿的责任心照不宣，却又缺乏明确的沟通，导致了日积月累的摩擦和不满。

家务与育儿中的隐性分工

林凯和张倩的矛盾，揭示了很多家庭中普遍存在的问题，即家务和育儿的隐性分工。这种分工并不是通过明确的对话或协议达成的，而是随着时间自然而然地形成的。许多夫妻在家庭生活中，默认了一种不平衡的分工模式，然而这种"心照不宣"的默契，往往导致了矛盾的激化。

传统角色期待的延续

在许多家庭中，尽管夫妻双方都在工作，但育儿和家务的责任往往更多地落在女性身上。张倩每天上班，回到家后还要照顾孩子、做饭、整理家务，而林凯则因为工作繁忙，在家庭事务中参与较少。

虽然张倩没有明确要求林凯多帮忙，但内心深处，她却希望丈夫能主动承担更多责任。然而，林凯可能因为传统观念的影响，认为自己的主要责任是工作赚钱，而家务和照顾孩子主要应该由妻子承担。

无声的期待与失望

张倩对林凯有一种无声的期待，希望他能在忙碌的工作之余主动分担家务和育儿任务。然而，林凯并没有意识到这一点，或者说，他意识到了，但觉得自己工作很辛苦，回到家就想休息，于是选择回避责任。这种无声的期待与现实之间的落差，让张倩逐渐感到失望和委屈，久而久之，这种情绪积压下来，最终爆发为一次次争吵。

角色冲突与责任模糊

在现代社会中，夫妻双方都承担着工作和家庭的双重责任，但由于没有明确的分工，导致两人对彼此的期望不一致。林凯认为自己负责赚钱养家，家务和育儿应该是张倩的责任；而张倩则觉得夫妻双方都在工作，家庭责任应该平等分担。这种角色冲突和责任模糊，使得夫妻关系中充满了隐形的较量。

通过沟通与分工避免冲突

为了避免这种"心照不宣"的矛盾激化，夫妻之间需要进行明确的沟通，合理分担家庭责任。以下是一些具体的策略，帮助夫妻通过有效的沟通和角色分工，缓解家务和育儿中的无形较量。

明确沟通：不要假设对方"应该明白"

夫妻之间的很多矛盾，往往源于彼此没有清晰表达自己的感受和需求，而是依赖"心照不宣"的默契。然而，期待对方自动理解自己的需求，往往会带来误解和失望。张倩期待林凯能够主动分担家务，但从未明确表达过这一点，导致林凯并没有意识到她的真正需求。因此，夫妻之间必须通过明确的沟通来避免这种情况。

张倩可以通过具体的对话告诉林凯："我知道你工作很忙，但我也很累，我需要你更多地参与到家务和照顾孩子的事情中。我们可以商量一下，看看哪些家务你可以承担，分担一些我的压力。"通过这种明确的表达，夫妻双方可以更好地了解彼此的感受和需求，避免无谓的猜测和误解。

分工合作，共同承担家庭责任

家务和育儿应该是夫妻共同的责任，而不是某一方的负担。通过合理的分工，夫妻可以有效地减少彼此的压力。林凯和张倩可以通过协商，制定一个具体的家务分工表，明确哪些任务由谁负责。比如，林凯可以承担每天晚饭后的洗碗工作，以及每周末带孩子出去玩一段时间，让张倩有机会休息或做其他事情。

合理的分工不仅能够让家务和育儿变得更加轻松，也能够让夫妻之间的关系更加平等与和谐。通过明确的责任分配，夫妻可以避免"无声的较量"，在共同的目标下携手前进。

尊重彼此的努力，避免指责与抱怨

在家庭生活中，很多时候矛盾的激化是因为夫妻之间相互指责，而缺乏对彼此努力的尊重。张倩感到自己承担了太多家务和育儿任务，但她没有意识到，林凯可能也因为工作压力大而感到疲惫和无助。相互尊重对方的付出，是减少冲突的重要前提。

林凯可以通过更多的表达，向张倩表示理解和支持："我知道你每天很辛苦，不仅要工作，还要照顾孩子和做家务，我真的很感激你。"

而张倩也可以对林凯的工作压力表示关心和体谅："你每天工作很忙，回家还要分担家务，我也不希望你太累，我们可以一起想办法分担。"通过这种积极的沟通，夫妻可以更多地看到彼此的努力，减少指责和抱怨。

灵活调整分工，适应生活变化

家庭生活是动态的，家务和育儿分工也需要随着时间和情况的变化而灵活调整。当一方工作变得更加忙碌时，另一方可以暂时承担更多的家庭责任；而当一方有空闲时，可以更多参与家务和照顾孩子的任务。夫妻之间应保持灵活的心态，根据彼此的工作和生活节奏及时调整分工，以适应不断变化的生活需求。

张倩和林凯可以定期进行沟通，评估当前的分工是否合理，是否需要进行调整。通过这种灵活的调整，夫妻可以更好地适应生活中的变化，保持家庭和谐。

建立家庭支持系统

家务和育儿的负担，很多时候一些夫妻是无法单独承担的，建立一个良好的家庭支持系统，可以有效减轻压力。张倩和林凯可以考虑引入外部的帮助，比如请家人帮忙照顾孩子，或者雇佣小时工进行家庭清洁工作。这种外部支持能够让夫妻双方有更多的时间和精力享受家庭生活，而不是陷入无休止的家务争端。

林凯和张倩的矛盾，表面上是关于谁来照顾孩子、分担家务的具体问题，实质上则是夫妻间关于家庭责任的期望差异。通过明确的沟通、合理的分工和相互理解，夫妻可以避免"心照不宣"的冲突，重新找到合作的平衡点。

家庭生活中的责任分配，不仅仅是任务的划分，更是夫妻之间情感的互动和支持。通过积极的合作和沟通，夫妻可以在共同分担家庭责任的过程中，培养出更深的理解与默契，使家庭生活变得更加和谐与幸福。

"他/她变了"

李阳和王静是一对在大学相识的夫妻。两人在恋爱时感情深厚，彼此无话不谈。大学毕业后，他们结婚并搬到了一座大城市生活。

婚姻最初的几年里，两人非常甜蜜，常常一起出去旅行、看电影，回到家后则聊到深夜。那时，彼此的陪伴和理解是婚姻的最大亮点。

然而，几年后，随着工作压力的增加、孩子的出生以及日常生活的繁琐事务，李阳和王静的关系发生了微妙的变化。

每天晚上，当李阳回到家时，他总是筋疲力尽，只想瘫在沙发上看电视放松；而王静则忙于照顾孩子，打理家务，也早已无心与丈夫分享内心的感受。

从某一天开始，李阳和王静之间的对话逐渐减少。起初，他们还会聊聊工作上的事情，但很快，王静发现李阳对这些话题似乎不再感兴趣。

取而代之的，是彼此的沉默——即便是坐在同一张餐桌上，也仿佛没有什么可说的了。曾经无话不谈的两人，现在每晚各自忙于自己的事情，渐渐变得陌生。

王静心里不免开始疑惑："他变了，好像不再关心我了。"李阳则有时也会抱怨："她也不像以前那么热情了，似乎我们都变得越来越疏远。"

这样的感受，在他们的日常生活中变得越来越明显，而两人却无法找出具体的原因，只能任由这种冷淡的局面持续下去。

夫妻关系中的"情感脱节"现象

李阳和王静的故事，正是许多夫妻在婚姻中所面临的共同挑战。从亲密无间到逐渐疏远，这一变化并不是突然发生的，而是一个潜移默化的过程。

这种变化被称为夫妻关系中的"情感脱节"现象，即夫妻之间在情感上逐渐失去连接，彼此的互动越来越少，感情渐渐被日常琐事、工作压力和生活责任所蚕食。

情感脱节往往有以下几个典型特征：

沟通减少：夫妻之间的交流变得表面化，缺乏深度。曾经无话不谈的两人，现在可能只会谈论一些日常琐事，而不再分享内心的想法和感受。

情感共鸣缺失：情感脱节的夫妻之间，彼此对对方的情感变化缺乏敏感度。比如，李阳和王静在生活中逐渐忽视了对方的情感需求，导致彼此感到孤独。

亲密行为减少：夫妻之间的亲密行为，如拥抱、牵手、亲吻等，开始减少甚至消失。亲密行为的减少往往伴随着情感的冷淡，让夫妻间的情感距离越来越远。

日常琐事的压垮：家庭事务、育儿责任和工作压力往往让夫妻忽视了彼此的情感连接。李阳和王静忙于各自的责任，无暇顾及婚姻中的情感维护，最终让感情陷入疲惫和冷淡。

从亲密到疏远的原因

夫妻关系的情感脱节，并非某一方的单方面责任，而是多方面因素共同作用的结果。理解这些因素，有助于帮助夫妻重新找到情感连接点。

工作与生活压力的干扰

李阳和王静的关系变化，很大程度上源于工作和生活的压力。李阳在工作中压力巨大，每天疲惫不堪；王静则承担了家庭的主要责任，照顾孩子和家务让她感到身心俱疲。由于缺乏时间和精力，两人逐渐疏远，甚至觉得再也没有心情和精力去维系情感。

忽视情感需求

随着时间的推移，许多夫妻开始忽视彼此的情感需求。李阳和王静在婚姻最初的几年里，会主动关心对方的感受，给予彼此情感支持。然而，日复一日的生活让他们逐渐忘记了对方同样需要关注和关爱，取而代之的是彼此冷淡的互动。这种情感需求的忽视，进一步加剧了两人之间的疏远。

亲密行为的减少

亲密行为是夫妻关系中情感连接的重要表达方式。拥抱、亲吻、眼神交流，这些看似微不足道的行为，却是维系夫妻情感的重要纽带。然而，随着时间的推移，李阳和王静的亲密行为逐渐减少，夫妻之间的身体接触变得稀少，这也使得他们的情感关系更加疏远。

缺乏沟通的机会与意愿

李阳和王静的对话减少，表面上看是因为工作和生活琐事的干扰，但更深层次的原因在于，两人逐渐失去了主动沟通的愿望和动力。李阳觉得和王静谈论工作太过疲惫，而王静则觉得李阳对家庭事务不够关心，逐渐失去了交流的兴趣。缺乏沟通的婚姻，如同一座逐渐坍塌的桥梁，无法维系两人之间的情感联系。

重新连接情感纽带

虽然情感脱节是婚姻中常见的问题，但它并非不可修复。夫妻通过一些有意识的努力，可以重新建立起情感连接，恢复婚姻中的亲密关系。

重新建立有效的沟通渠道

要打破情感脱节，第一步就是重新建立有效的沟通。夫妻之间需要找到一种合适的方式，让彼此能够再次开始分享内心的想法和感受。

创造沟通机会：李阳和王静可以通过每周一次的"夫妻对话时间"，让彼此专注于对方，暂时放下工作和生活的压力。

这个时间可以是一起散步、喝茶，甚至只是坐下来聊聊彼此的想法。

开放式问题：沟通时，避免只谈论琐碎的事情。李阳可以问王静："你最近感觉怎么样？工作和照顾孩子是不是很累？"王静也可以主动关心李阳的工作压力，问他："工作上有没有什么你特别想和我分享的？"

重拾亲密行为，恢复情感连接

亲密行为是夫妻关系中不可或缺的部分。通过小的亲密行为，夫妻可以重新找回曾经的情感连接。

每天一个拥抱：无论工作多忙，夫妻之间都应该在每天见面或离别时给对方一个拥抱。这个简单的动作可以带来情感的慰藉，让彼此感到被关爱和关注。

身体接触：亲密的身体接触（如牵手、抚摸）能够增加夫妻之间的情感温度。通过小小的接触，夫妻可以重新感受到对方的存在和关怀。

共同创造新的情感体验

婚姻中的情感脱节，往往是因为夫妻生活进入了单调的循环。为了打破这种局面，夫妻可以尝试共同创造新的情感体验，让彼此的关系重新焕发生机。

共同参与兴趣活动：夫妻可以寻找一些共同的兴趣爱好，比如一起看电影、旅游、烹饪等。通过这些新的活动，夫妻可以在生活中创造更多的美好回忆，重新建立起情感的纽带。

设定共同的目标：夫妻可以设定一些共同的目标，比如一起健身、学习新技能或计划一次长期旅行。通过共同努力，夫妻不仅能在目标的达成过程中增加默契，还能分享成就感。

培养彼此的情感敏感度

夫妻之间的情感连接，需要彼此对对方的情绪和需求保持敏感。李阳可以通过更多的观察和关心，注意到王静在家务中的压力，并主动提供帮助。而王静则可以更多关注李阳在工作中的情感状态，给予他必要的支持和鼓励。

通过这种情感敏感度的培养，夫妻可以避免因为忽视对方的情感需求而导致的冷淡和疏远。

定期反思婚姻状态

夫妻应该定期一起反思婚姻状态，探讨两人在感情中的变化和需求。李阳和王静可以通过每月或每季度一次的"关系反思会"，互相探讨婚姻中的问题和不足，并共同寻找解决方案。这样不仅能够及时调整彼此的互动方式，还能让婚姻关系保持活力。

婚姻关系的变化，是一个自然的过程。随着时间的推移，工作、家庭、责任都会对夫妻感情产生影响。

通过有效的沟通、情感连接和共同创造新的体验，夫妻可以避免情感脱节，重新找回彼此之间的亲密关系。李阳和王静的故事告诉我们，婚姻需要不断地修炼和维护，只有用心经营，夫妻关系才能在时间的考验中保持坚固而深厚的情感纽带。

"小事"背后的"大情绪"

刘涛和王敏结婚五年,有一个三岁的女儿,平时家里琐事不断,两人的工作也都很忙。最近,他们因为一些生活中的琐事频繁发生争吵,情绪也变得愈加紧张。这天晚上,一场看似无关紧要的争吵再次爆发。

晚饭后,王敏照常收拾餐桌,把碗筷堆在水槽里。她看了一眼正在沙发上看电视的刘涛,心中不免生气:"你又看电视了,碗都不洗一下!"她语气中带着明显的不满。

刘涛头也没抬,继续看着屏幕:"我才刚坐下,今天上班累死了,稍微休息一下不行吗?"

王敏听了,情绪更加激动:"累?我不累吗?我也是刚下班回来,还要做饭、收拾,难道家里只有我一个人会干活吗?"

刘涛有些不耐烦,声音提高了几分:"你怎么老是因为这些小事发火?不就是几个碗吗?有什么好争的!"

这场争吵看似因为"洗碗"这件小事,但实际上背后隐藏着夫妻之间的情感积压和需求未被满足的问题。

在婚姻中,类似这样的"小事"争吵常常成为夫妻间情绪爆发的导火索。那么,为什么这些看似无关紧要的琐事会引发如此强烈的情绪反应?夫妻之间的"洗碗""看电视"等小事背后,又隐藏着怎样的情感和心理需求?

小事背后的"大情绪"

夫妻之间的争吵常常源于一些日常生活中的琐事，但实际上，这些"小事"背后往往隐藏着更深层次的情绪和心理需求。

正如刘涛和王敏的争吵，他们并不是单纯因为洗碗问题而争吵，而是因为两人在情感、责任分配以及心理期待上的不平衡所导致。

未被满足的情感需求

王敏的愤怒并不仅仅是因为刘涛没有主动洗碗，而是她感觉自己在婚姻中没有得到足够的支持和理解。

她希望刘涛能够体谅她一天的辛苦，主动分担家务。未被满足的情感需求——特别是关心、理解和支持的缺失——是夫妻争吵的一个重要根源。

刘涛则认为自己也很累，希望能够放松一下。他的情绪来源于他认为自己没有得到应有的休息时间，并且觉得妻子对他的要求太多，让他感到压力。

权力和责任的不对等感

家务活和责任的分配是许多夫妻争吵的核心问题之一。当一方觉得自己承担了更多的家务责任，或者认为对方没有公平分担家庭任务时，这种不平等感会激发情绪冲突。

王敏觉得自己一直在忙于家务，而刘涛却可以轻松地看电视，这种不平衡让她感到不满和被忽视。她的愤怒反映的是对婚姻中角色分配的不满，而不是单纯地"洗碗"这件事。

日常生活中的积压情绪

婚姻中的很多争吵，往往是日常生活中的积压情绪在某个瞬间爆发出来的结果。刘涛和王敏在平时的相处中，或许已经积累了很多未解决的小矛盾、小委屈。

类似"洗碗"这样的争吵，往往只是这些情绪的一个宣泄口，真正的问题可能早已存在于两人的日常互动中，却一直未被有效处理。

对婚姻期望的差异

夫妻对婚姻的期望也常常会影响他们的情感反应。刘涛认为婚后可以更多地享受家庭生活的放松，而王敏则希望夫妻两人能够一起承担家庭责任。不同的期望造成了两人在面对生活小事时的态度差异，进而导致了矛盾和冲突。

化解情绪的有效策略

虽然小事往往是夫妻争吵的导火索，但通过正确的沟通方式和情感管理，夫妻可以避免因为琐事而伤害彼此的感情。

以下是一些有效的策略，帮助夫妻在面对生活小事时更好地处理情绪，避免无谓的争吵。

非暴力沟通

"非暴力沟通"是由心理学家马歇尔·卢森堡提出的一种沟通技巧，旨在帮助人们通过建设性和尊重的方式表达自己的情感和需求，而不是通过指责或批评来引发冲突。在夫妻争吵中，非暴力沟通可以有效避免因为语气不当或过度情绪化而引发的矛盾。

非暴力沟通的核心步骤是：

观察：陈述事实，而不带有主观评价。例如，王敏可以说："我看到碗还在水槽里，而你在看电视。"

感受：表达自己的情感，而不是指责对方。例如："我感到很累，因为我今天已经忙了一整天。"

需求：明确表达自己的需求，而不是命令或抱怨。例如："我需要一些帮助来分担家务，我希望我们能一起完成这些任务。"

请求：提出具体的请求，而不是模糊的要求。例如："你能不能今晚帮我一起洗碗？"

通过这种沟通方式，夫妻可以更清晰地表达自己的需求，减少误解和情绪对抗。

情感确认

"情感确认"是一种通过理解和回应对方情感来缓解冲突的技巧。

很多时候，夫妻之间的争吵并不是因为具体的事情，而是因为情感没有得到足够的关注和理解。

在刘涛和王敏的争吵中，情感确认可以帮助他们更好地理解彼此的感受。刘涛可以对王敏说："我知道你今天工作很累，还要照顾孩子，做饭。我理解你的辛苦。"

而王敏也可以对刘涛说："我知道你工作一天也很累，想要放松。"通过这种情感确认，双方可以避免陷入情绪对抗，而是更多地关注彼此的需求。

换位思考与共情

换位思考是夫妻之间增强理解的一个重要方法。当双方发生冲突时，尝试站在对方的角度去看问题，可以帮助减少情绪化反应。

刘涛可以想象一下，如果他在家务和照顾孩子上承担更多的责任，会有多么辛苦，从而理解王敏的抱怨；而王敏也可以尝试理解刘涛在工作中的压力，意识到他也需要适当的休息和放松。

通过这种换位思考，夫妻可以在矛盾中更多地看到彼此的付出，而不是单纯地指责对方。

避免"情绪雪球效应"

"小事"争吵的另一个特点是,它们往往会引发"情绪雪球效应",即小小的不满会滚成一个巨大的情绪爆发。这种情况下,夫妻需要学会在情绪刚刚出现时,及时处理,而不是等到情绪累积到不可控的地步。

在争吵的过程中,刘涛和王敏可以通过冷静地暂停对话,给彼此一些时间来平复情绪。然后再回到问题本身,通过冷静地沟通找到解决办法,而不是让争吵持续升级。

制定家庭任务分工计划

为了避免家务负担引发的争吵,夫妻可以提前制定一个家庭任务分工计划,将各自的责任明确分配好。例如,刘涛可以每周负责洗碗,王敏可以负责其他家务。通过这种明确的分工,夫妻可以避免因为家务琐事而产生临时矛盾,同时也能减少一方感觉责任过重的心理压力。

总之,很多家庭小事中隐藏着家庭成员的情感需求。

刘涛和王敏的争吵看似是因为洗碗、看电视这些小事,但背后隐藏的却是双方未被满足的情感需求和责任不平衡的心理压力。通过非暴力沟通、情感确认、换位思考等有效策略,夫妻可以更好地理解彼此的情感需求,避免因为琐事而伤害婚姻中的感情。

婚姻中的很多矛盾,常常是在日常生活中不经意间积累起来的,最终通过"小事"爆发出来。

不过,这些争吵也为夫妻提供了一个机会——通过更好的沟通和理解,夫妻可以从"小事"中找到重新连接情感的契机,让婚姻关系更加紧密和谐。

婚姻需要经营

李明和赵丽结婚已经十年了，十年前，他们曾是朋友圈中公认的"模范夫妻"。结婚初期，两人的感情充满激情，彼此间的关爱和互动都非常甜蜜，几乎每天都会有细心的问候与惊喜。

不过，随着时间的推移，日常生活的琐事、工作压力、孩子的成长等，让两人的婚姻关系逐渐平淡。尽管他们依旧相爱，但生活中的激情和亲密感似乎慢慢在消失。

李明最近和朋友聊天时开玩笑地说："我们现在就像老朋友了，生活全是柴米油盐，没有什么浪漫了。"

赵丽则感到有些失落，回忆起他们曾经无话不谈、亲密无间的日子，不禁感叹："他好像变了，没以前那么关心我了。"

这样的感受在婚姻中十分常见。随着岁月流逝，婚姻中的激情与亲密感容易被生活的琐事、工作和压力所冲淡。

夫妻间的感情从最初的激情，逐渐转向平淡、稳定的模式，如何在这种变化中保持爱情的活力和亲密感，成为每一对伴侣长期的共同课题。

爱情在婚姻中的变化过程

婚姻中的爱情，随着时间的推移，会经历不同的阶段。李明和赵丽的故事，正是典型的婚姻变化轨迹：

激情期：浪漫与热情的高峰

在婚姻的初期，激情和浪漫是感情的核心。两人之间充满了新鲜感、好奇心和彼此探索的欲望。这时的感情常常充满激情，彼此之间的关注度和关爱度都非常高。李明和赵丽刚结婚时，每天都愿意花时间在彼此身上，制造浪漫惊喜，并享受两人之间的亲密时光。

适应期：逐渐进入现实生活的磨合

随着婚姻进入到第二、第三年，激情逐渐被现实生活中的琐事所替代。工作、家庭责任、财务管理等问题开始成为夫妻需要共同面对的挑战。这一阶段的夫妻更多地关注如何一起度过生活中的难关，爱情从最初的激情转向了更为理性和务实的情感。李明和赵丽在这个阶段更多地讨论家庭开支、工作压力和孩子的教育问题，浪漫的时光变得越来越少。

平淡期：情感的稳定与倦怠感

在结婚五年以上的夫妻中，感情常常进入所谓的"平淡期"，这时爱情虽然依然存在，但激情减少，彼此的互动逐渐变得日常化。夫妻之间的关系更多的是依赖习惯和责任维系，亲密行为减少，双方的情感表达也不再像从前那样强烈。李明和赵丽在十年婚姻中，逐渐感受到爱情的"褪色"，两人虽然依然彼此关心，但对爱情的表达和互动远不如婚姻初期那么频繁和热烈。

如何保持婚姻中的激情与亲密感

尽管婚姻中的爱情会随着时间逐渐变化，但这并不意味着激情和亲密感的消失是不可避免的。通过一些日常的技巧和有意识地经营，夫妻可以在平淡的婚姻生活中重新找回爱情的活力与亲密感。以下是一些保持长期关系激情和亲密感的有效策略。

爱的语言：找到对方的情感需求

美国作家盖瑞·查普曼在他的著作《爱的五种语言》中提出，每个人的情感需求各不相同，理解对方的"爱的语言"是保持感情亲密的关键。这五种爱的语言包括：肯定的言语、精心的时刻、接受礼物、服务的行动、身体接触。

李明可能通过服务的行动（如帮赵丽做家务）来表达自己的爱，但赵丽可能更需要的是肯定的言语（如赞美、关心）。通过了解彼此的爱的语言，夫妻可以更有效地表达爱意，增强感情连接。

肯定的言语：每天给对方一句赞美或鼓励，如"你今天看起来真漂亮"或"你最近真的很辛苦，我很感激你。"

精心的时刻：每周设定一段专属时间，两人可以一起做一些喜欢的事情，如看电影、散步，远离工作和生活琐事。

服务的行动：通过小小的行动，如一起做早餐、接孩子等，表现出对对方的关心和支持。

身体接触：无论是一个拥抱、亲吻还是牵手，身体接触是增强夫妻之间亲密感的直接方式。

写感恩日记：学会表达感激

在婚姻中，随着时间的推移，夫妻之间常常会忽视对方的付出，甚至习惯于认为对方的努力是理所应当的。

为了打破这种冷漠，夫妻可以尝试写"感恩日记"，即每天记录下对配偶的三件感恩之事。通过这种简单的习惯，夫妻不仅能更好地看见对方的付出，还能增加对彼此的感激之情。

赵丽可以在感恩日记中写下："感谢李明今天主动和我一起照顾孩子，让我能有片刻的休息。"李明则可以写下："感谢赵丽今天做的晚餐，虽然她工作了一天，仍然花心思为我们准备了美味的食物。"

感恩日记不仅帮助夫妻重新聚焦在对方的优点和努力上，还能通过积极的情感表达，增强夫妻之间的情感连接，减少负面情绪的积累。

创造小惊喜，保持浪漫感

婚姻中的浪漫感容易被日常琐事磨灭，但实际上，浪漫不需要多么华丽和昂贵的小惊喜，哪怕是一封简短的情书、一顿意外准备的晚餐，或者一张精心挑选的卡片，都能带来巨大的情感升温效果。

李明可以在周末为赵丽准备一顿特别的晚餐，或者在她不经意时送上一朵花，表达对她的爱意。而赵丽则可以在李明工作辛苦的时候，悄悄准备一张写满鼓励话语的卡片，放在他的公文包里。

这些小惊喜看似微不足道，但它们能够让彼此重新感受到婚姻中的浪漫，避免感情变得呆板和单调。

建立共同的目标与梦想

婚姻不仅仅是两个人的结合，更是两人一起向着共同目标和梦想前行的过程。

夫妻可以通过设定一些长期的共同目标，如一起储蓄买房、计划一次重要的旅行，或者一起完成某个学习或健身目标，来增强彼此的合作和默契。

李明和赵丽可以计划每年一次的旅行，作为他们的"爱情周年纪念"，让彼此有机会远离日常生活的压力和烦恼，重新享受二人世界的美好。

同时，这样的共同目标也会增强两人之间的合作感和责任感，进一步巩固婚姻的基础。

定期回顾与反思婚姻

婚姻中的激情和亲密感，需要通过不断地反思和调整来保持。夫妻可以设立一个定期的"婚姻反思日"，在这个日子里，两人可以回顾过去一段时间的相处，讨论彼此的感受，提出改进的建议，寻找感情中的不足之处，并及时调整。

李明和赵丽可以在每个月的某一天，共同坐下来聊聊他们的婚姻现状。赵丽可以表达她对李明最近表现的感激，同时也提到她对某些事情的困扰；李明则可以分享他对未来的期待和对婚姻生活的感受。

通过这种定期反思，夫妻能够及时发现问题，避免长期积累导致感情淡化。

总之，爱情需要经营。

李明和赵丽的故事告诉我们，婚姻中的爱情并不会随着时间的流逝而自然消失，但它也不会自动保持激情和亲密感。

夫妻需要通过有意识地努力，经营这段关系，维护情感的活力。无论是通过"爱的语言"找到彼此的情感需求，还是通过"感恩日记"重新聚焦对方的优点，夫妻都可以在日常生活中找到让爱情保鲜的秘诀。

婚姻是一段长久的旅程，而爱情则是这段旅程中最美好的风景。通过日常的小技巧和长期的坚持，夫妻可以在平淡的生活中重新点燃爱情的火花，让婚姻在岁月的流转中愈加坚固与甜蜜。

第四章

突理慧
TU LI HUI

冲心智
CHONG XI ZHI

庭的
TING DE

家中
JIA ZHONG

如何面对家庭冲突

孩子"被夹在中间"怎么办?

如何应对代际冲突

如何面对家庭冲突

每个家庭都会遇到矛盾和冲突，但处理这些矛盾的方式却大不相同。我们来看看两个典型的家庭，他们在面对冲突时采取了截然不同的方式。

家庭A：冷战的代名词

李佳和她的丈夫张强在结婚的第八年，日常生活中的小冲突开始变得频繁。最近一次争吵是因为张强没有参加女儿的家长会，李佳感到非常失望。

两人没有激烈地对抗，而是陷入了一种冷战的模式。张强回到家不再主动说话，李佳也选择沉默，家里的气氛变得冷冰冰。

尽管两人都清楚问题存在，但都不愿意先迈出沟通的一步，冷战持续了数天。

家庭B：暴怒的爆发

家庭B中的周伟和妻子孙琳处理冲突的方式完全不同。每当有不满时，周伟的情绪很快就会激烈爆发出来，语气也随之变得愤怒。

最近一次冲突是因为孙琳忘记帮周伟订晚餐，他的情绪一下子失控，言辞激烈，甚至摔了餐具。

孙琳感到委屈，也大声回击，两人的争吵迅速升级，伴随着情绪的猛烈爆发。争吵结束后，家中仍充满紧张的氛围，周伟心里也充满懊悔，但每次情绪爆发，他都难以自控。

两个家庭的冲突模式虽不同，却都在处理矛盾时遇到了难题：

家庭A选择了冷战，情感上的隔离使得矛盾积压，双方不愿意正面沟通；

家庭B则因暴怒而造成情绪上的伤害和疏远。这两种处理方式虽然表现形式不同，但背后都存在着相似的心理机制——情绪失衡。

冷战与暴怒背后的心理机制

冷战与暴怒是家庭冲突中的两极化反应，虽然表现截然不同，但两者的根源都可以追溯到家庭成员对冲突的应对方式、情绪表达的习惯和对亲密关系的理解。

这两种极端反应通常会导致长期的关系恶化，无法有效解决问题。要理解冷战与暴怒的心理机制，首先需要探讨冲突中常见的情绪和应对方式。

冷战：逃避与情感隔离

冷战是一种逃避型应对策略，表现为回避对矛盾的直接处理。家庭中的冷战通常以沉默、疏远为特征，夫妻或家庭成员之间不主动沟通，避免面对矛盾的核心问题。

冷战背后的心理机制包括：

情绪压抑：李佳和张强的冷战模式源自情绪压抑。他们不愿意暴露自己的脆弱，不想通过争吵表达自己的真实感受，而选择通过沉默来控制局面。

这种情绪压抑使得矛盾没有得到解决，反而随着时间的推移逐渐积累。

害怕冲突升级：冷战者往往担心正面表达情绪会导致冲突的升级，尤其是当他们过去曾有激烈争吵的经历时，他们会认为保持沉默是一种"避免更大矛盾"的保护机制。

情感隔离：冷战不仅让矛盾得不到解决，还使得夫妻之间的情感联系变得疏远。李佳和张强的冷战导致他们不再交流彼此的需求，情感上逐渐产生隔阂。

暴怒：情绪失控与冲突升级

暴怒则是一种情绪化的应对方式，表现为情绪的失控和言行的过度反应。

在家庭B中，周伟的愤怒不仅是对具体问题的反应，更是情绪长期积累后的一次宣泄。他的暴怒给家庭带来了更多的紧张与伤害。

暴怒背后的心理机制包括：

情绪过载：暴怒通常是情绪压力累积到一定程度后爆发的结果。周伟平时可能有很多情绪没有及时表达，随着琐事的叠加，他的情绪变得难以承受，最终在一次小矛盾中失控。

自我控制的失败：暴怒者往往在情绪激动时失去自我控制，无法理性思考问题，言辞激烈，行为过激。周伟每次暴怒后都会后悔，但情绪的爆发让他难以在冲突中保持冷静。

情感攻击与防御：暴怒者往往通过攻击来保护自己不被情感伤害。周伟在争吵中用激烈的言辞发泄心中的不满，但这种攻击方式却对婚姻关系造成了更大的伤害。

冷战与暴怒的共同点

尽管冷战和暴怒表现形式不同，但这两种冲突处理方式有一个共同点：它们都是情绪失衡的表现。无论是通过冷战逃避问题，还是通过暴怒宣泄情绪，双方都无法以建设性的方式处理矛盾。

两者的共同点还包括：

未能有效解决问题：无论是冷战还是暴怒，都没有从根本上解决问题。家庭A的冷战让矛盾越积越多，家庭B的暴怒则不断加深彼此的情感伤害。

破坏情感联系：冷战导致情感隔离，暴怒则通过激烈的情感攻击破坏夫妻之间的信任与亲密感。无论是哪种方式，家庭成员之间的关系都会变得越来越疏远。

寻找情绪平衡点：避免两极化反应

为了避免冷战和暴怒这两种极端情绪反应，夫妻和家庭成员需要学会找到情绪的平衡点，采用更加健康的方式来处理矛盾和冲突。以下是几种有效的方法，帮助家庭成员避免情绪的两极化反应，找到适当的情绪调节方式。

非暴力沟通：重建沟通的桥梁

非暴力沟通是一种通过理解、共情和积极表达需求来处理矛盾的沟通方式，能够帮助夫妻双方在冲突中保持冷静，并有效表达各自的感受和需求。

在家庭A中，李佳可以通过非暴力沟通向张强表达她的感受，而不是选择沉默："我知道你工作忙，但当你没有去参加家长会时，我真的感到失望和无助。我希望我们能在未来更多地支持彼此。通过这种沟通，双方能够避免冷战，重新建立对话的桥梁。

情绪管理：学会识别和调节情绪

情绪管理是避免暴怒的关键。像周伟这样的暴怒者往往缺乏对情绪的识别和调节能力。周伟可以通过自我觉察来识别自己情绪逐渐升温的信号，例如心跳加速、呼吸急促等。

当他意识到自己情绪即将失控时，可以通过深呼吸、短暂离开争吵现场等方式冷静下来，避免暴怒的爆发。

此外，周伟也可以通过日常的情绪管理练习，如冥想、写情感日记等，来帮助自己更好地处理生活中的压力和情绪积累。

感情确认：积极回应对方的情感需求

感情确认是一种通过理解和回应对方情感来缓和冲突的方式。在家庭B中，周伟可以在争吵前意识到孙琳的感受："我知道你今天忘了订晚餐，可能是因为你工作很累。我们一起想想怎么解决吧。这种情感确认能让对方感受到理解和支持，避免情绪的激化。

通过对彼此情感的回应，夫妻之间可以建立更深的情感连接，避免冲突中的情感疏远。

找到冲突中的中立时刻

在情绪激化的冲突中，夫妻往往会陷入"你对我错"的僵局。

为了避免这种情况，家庭成员可以尝试找到冲突中的"中立时刻"，即在情绪没有完全失控之前，暂停对话，给彼此冷静的时间。

例如，在家庭A中，李佳和张强可以在冷战开始之前，约定一个"暂停时间"。当他们意识到情绪紧张时，可以暂时离开，之后再平心静气地讨论问题。这种方法能有效避免冷战或暴怒的升级，给彼此情绪缓和的空间。

建立情感连接的"日常修复"机制

情感连接的修复不需要等到冲突发生后再进行。家庭成员可以通过日常的互动和情感表达来维护和修复感情。

例如，家庭A的李佳和张强可以每天花10分钟分享当天的感受和想法，无论是工作上的成就还是生活中的小事。通过这种日常修复机制，夫妻可以及时处理积累的情绪和潜在的矛盾，避免冷战的出现。

无论是冷战还是暴怒，都是夫妻在面对冲突时常见的两极化反应。它们都源于情绪失衡，并会导致沟通障碍和关系恶化。

通过学习非暴力沟通、情绪管理和情感确认等技巧，夫妻可以找到情绪的平衡点，避免极端反应，重建健康的沟通方式。

家庭冲突不可避免，但每一次冲突也是夫妻成长的机会。通过理性地处理情绪、真诚地表达需求，夫妻能够在矛盾中建立更深的理解和信任，最终让家庭关系更加稳固而亲密。

孩子"被夹在中间"怎么办?

一个平凡的晚上,李强和王丽一家三口坐在客厅里。8岁的儿子小凯坐在餐桌边玩玩具,李强和王丽则讨论起了家里的开支问题。

起初,谈话还算平静,但很快话题升级为争论。李强指责王丽最近花费过多,而王丽则觉得李强在工作上投入了太多时间,忽视了家庭。

"你每天加班,家里的事根本不关心!"王丽声音变得激动。

"我加班也是为了这个家,你又不是不知道!"李强不甘示弱。

随着争吵加剧,声音越来越大,气氛越来越紧张。小凯本来在玩玩具,但听到父母的争吵,他开始变得焦虑不安。

他低头不语,手中的玩具车停在桌上,一动不动。他想要逃离这个局面,但又不敢走开,只好静静地看着父母,眼里充满了困惑和无助。

小凯并不明白父母为什么总是争吵,但每当他们开始激烈地对抗,他都会感到内心的紧张和不安。他不知道该站在哪一边,似乎无论他怎么做,都会惹恼父母中的一方。他的心里充满了困惑:"他们为什么要吵架?难道是我的错吗?"

在这种情境中,孩子不仅被夹在父母的冲突中,还可能因为父母的争吵感到焦虑、无助,甚至产生错误的责任感,认为父母的不和是自己引起的。这种情绪的长期积压,可能对孩子的心理健康产生深远影响。

家庭冲突对孩子的影响

父母争吵不仅影响夫妻关系，还会对孩子的心理和情感发展产生深刻的负面影响。尤其当孩子感到自己被"夹在中间"时，他们会感受到来自冲突双方的巨大压力和不安。

情感上的焦虑与不安全感

当父母争吵时，孩子往往会感到不安和焦虑，尤其是当争吵激烈或带有攻击性时。孩子的家庭环境应该是一个充满安全感和爱的地方，但当冲突频繁发生时，孩子会产生一种情感上的不安全感，害怕父母关系的破裂，甚至担心家庭的完整性受到威胁。

小凯在父母争吵时感到无助，这种不安可能会长期积累，使他在面对人际关系时变得更加敏感和焦虑，害怕冲突，缺乏对稳定关系的信任感。

责任感与内疚

许多孩子在面对父母的争吵时，容易产生一种错误的责任感，认为父母的不和与自己有关。特别是当争吵内容涉及孩子本身时，例如教育方式、花费问题等，孩子可能会觉得父母的矛盾是因为自己引起的，进而感到内疚。

小凯在听到父母争吵关于家庭开支的问题时，可能会认为是因为自己的花费太多，导致了父母的争执。这种内疚感会让孩子感到自责，甚至对自我价值产生质疑。

角色冲突与情感夹缝

当父母吵架时，孩子经常被迫在父母之间"选择立场"。父母可能无意中让孩子觉得他们需要站在某一方，这种情感的夹缝让孩子感到无所适从。如果孩子选择站在某一方，他们可能会觉得背叛了另一方，从而产生更多的情感压力。

小凯在面对父母的争吵时，可能不知道该支持谁，担心无论选择谁都会让另一方不开心。这种角色冲突不仅加剧了孩子的心理负担，还可能影响孩子未来的情感决策和人际关系模式。

长期心理影响

如果孩子长期处于家庭冲突的环境中，他们可能会内化这些冲突模式，在自己未来的亲密关系中重复父母的行为模式。

孩子可能会觉得冲突是关系中的常态，甚至习惯性地回避冲突或用暴力解决问题。

如果像小凯这样的孩子长时间目睹父母争吵，他可能会认为婚姻关系就是充满冲突和痛苦的，未来他可能会回避亲密关系，或者在自己建立的家庭中重演类似的冲突模式。

如何在冲突中避免牵连孩子

为了避免孩子被夹在父母的冲突中，保护他们的心理健康，父母需要学会在处理家庭矛盾时，采取更为理性和成熟的应对方式。以下是几种策略，帮助父母在冲突中避免牵连孩子。

避免在孩子面前争吵

最直接的办法是避免在孩子面前发生激烈的争吵。孩子的心理非常敏感，父母的每一次情感爆发都会在他们心里留下深刻的印记。因此，父母应尽量在孩子不在场时解决矛盾。

如果争吵不可避免，父母可以暂时中止讨论，并约定在孩子睡觉或离开房间时再继续。父母需要清楚地意识到，激烈的情绪对孩子来说是一种巨大的情感冲击，会削弱他们对家庭和人际关系的安全感。

解释冲突，减轻孩子的焦虑

当孩子目睹父母的争吵时，父母应该及时向孩子解释，让他们明白争吵是成年人之间的问题，并不意味着家庭破裂，也不意味着父母不爱他们。

孩子需要知道，冲突并不是他们的错，他们在家庭中仍然是被爱和保护的。

李强和王丽可以在争吵结束后，对小凯说："爸爸妈妈有时候会因为意见不同而争吵，但这并不是你的错，也不会影响我们对你的爱。我们会好好解决这些问题，不用担心。"

这种解释能够帮助孩子理解冲突的性质，并减轻他们的内疚感和焦虑。

不让孩子"选边站"

父母在争吵中，绝对不能让孩子"选边站"，也不应把孩子卷入冲突中。例如，不应让孩子在冲突中表达对某一方的支持，也不应在争吵中拿孩子作为论据。

这会给孩子带来巨大的情感压力，让他们在父母之间产生角色冲突，增加心理负担。

李强和王丽不应在争吵时提及小凯，或者让他成为争执的对象。相反，他们应该确保孩子在冲突中感到安全，而不是焦虑或被夹在中间。

保持一致的亲子关系

即使父母之间存在分歧，父母对孩子的一致态度也是非常重要的。无论在家庭冲突中如何争执，父母对孩子的爱与支持应该是稳定不变的。

父母需要在孩子面前保持一致的规则、关心和情感连接，避免让孩子因为父母冲突而感到失落或混乱。

例如，即使李强和王丽在财务问题上存在分歧，他们在如何教育小凯的问题上仍应保持一致。孩子需要知道，父母之间的冲突不会影响他们对孩子的爱和关怀。

建立健康的冲突解决模式

家庭冲突在所难免，但父母可以通过建立健康的冲突解决模式，给孩子树立榜样，展示如何通过理性、沟通和妥协解决问题。

孩子从父母的互动中学会如何处理冲突，因此，父母应努力保持冷静，用建设性的方式解决矛盾。

李强和王丽可以尝试在争吵时保持冷静，使用"我感觉……"的表达方式，避免指责对方，并尝试倾听彼此的观点。

这种理性沟通的方式不仅有助于解决冲突，还能让小凯学会如何健康地处理人际关系中的矛盾。

总之，父母要为孩子创造安全的情感环境。

家庭冲突对孩子的心理健康有着深远的影响，父母有责任在冲突中保护孩子，避免让他们感到夹在中间。通过避免在孩子面前争吵、及时解释冲突、不让孩子选边站、保持一致的亲子关系以及树立健康的冲突解决模式，父母可以为孩子创造一个更加安全、稳定的情感环境。

小凯的故事告诉我们，父母的每一次争吵都可能在孩子心中种下不安的种子。但通过父母的智慧和关爱，孩子可以在和谐的家庭氛围中感受到安全感和被爱，从而健康地成长，学会如何在人际关系中处理冲突与矛盾。

如何应对代际冲突

小雪和丈夫阿伟结婚两年，婆婆搬来和他们同住，帮助照顾新生的孩子。最初，小雪觉得婆婆的帮助让她感到轻松，但时间久了，问题开始浮现。

婆婆喜欢按照自己的方式做家务，总是觉得小雪做得不够好。尤其在做饭和打扫卫生的分工上，婆婆认为家务应该由媳妇负责，而小雪则认为，大家既然住在一起，应该共同承担家务。

"这都不是你的活儿吗？我当初嫁过来，家里大小事都是我一个人包揽的。"婆婆对小雪说。

小雪觉得自己在外工作了一天，回家还要照顾孩子和做家务，实在心力交瘁。她内心的不满与日俱增，认为婆婆不尊重自己，强加传统观念于她："我们也有自己的生活方式，家务不能全由我一个人负责。"

婆媳间的矛盾随着家务分工问题不断升级，气氛越来越紧张。阿伟夹在母亲和妻子之间，左右为难。他不愿惹恼任何一方，但也无法完全解决问题。

于是，每次冲突都以小雪忍气吞声告终，而婆婆则觉得自己理所当然，不需要改变。

这种典型的婆媳矛盾，源于对家务分工、生活方式和价值观的不同理解。虽然表面上看是家务的问题，但背后隐藏着更深层的代际冲突和文化差异。

婆媳之间的关系，往往是家庭中最微妙且敏感的部分，处理不当不仅影响家庭氛围，还可能引发夫妻矛盾。

婆媳矛盾的心理根源

在家庭生活中，婆媳矛盾并不只是个别现象，它反映了家庭中的代际冲突以及对角色期待的不同。小雪和婆婆之间的矛盾，实际上是现代与传统家庭观念之间的碰撞。

代际冲突：不同的角色期待

婆婆在年轻时，通常承担了所有家务，认为家庭中的女性理应承担这些责任。她把这一观念延续到儿媳身上，期待小雪也能像自己当年一样，承担起照顾家庭的责任。

而小雪则有着现代女性的独立意识，她既要工作，又要在家中分担责任，认为家庭事务应该由所有家庭成员共同分担。这种角色期待的冲突，使得婆媳双方的价值观产生巨大差异。

婆婆代表的是传统家庭角色观，认为女性的主要职责是照顾家庭和孩子；而小雪则更看重家庭中的平等分工，期待丈夫和婆婆一起分担责任。

这种代际冲突往往成为婆媳矛盾的核心。

权力和控制感

婆媳关系中的冲突，还涉及权力和控制。婆婆往往在家庭中占据主导地位，尤其在与儿子共同生活时，她希望保持对家庭事务的控制。

对于婆婆来说，家务是她曾经的"领域"，现在她感到权力被儿媳侵占，因此试图通过家务分工的矛盾重新确立她的权威。

小雪则希望自己能够在家中拥有更多的自主权，不希望被婆婆干涉家庭事务，特别是她与丈夫之间的私人空间。

婆婆对家务的过度参与和干预，使得小雪感到自己的地位受到了威胁，进而导致冲突的加剧。

文化与价值观的差异

婆媳之间的冲突也常常反映了不同的文化背景和价值观。在传统观念中，长辈对家庭的期望和生活方式往往与年轻一代不同。

婆婆可能更加注重家庭伦理和代际尊重，希望通过自己的经验和方式来维系家庭的和谐；而媳妇则更多地强调自我表达和个体需求，希望在家庭中拥有独立的声音。

小雪和婆婆的矛盾，不仅仅是因为家务分工，而是因为两代人在处理家庭事务、表达关爱的方式，以及对生活的期待上存在差异。

这种文化与价值观的差异，使得双方的沟通和理解变得更加困难。

如何化解婆媳矛盾：有效的应对策略

面对婆媳之间的矛盾，简单的忍让或争执往往无法解决问题。要想在代际冲突中找到平衡，家庭成员需要通过沟通、理解和妥协，找到一种彼此尊重的相处方式。

以下是几种应对婆媳矛盾的策略，帮助家庭在冲突中找到和解之道。

明确界限，尊重彼此的角色

在婆媳关系中，明确界限是解决冲突的第一步。婆婆需要意识到，儿媳妇和儿子组成了新的小家庭，他们有自己的生活方式和习惯。儿媳妇则需要尊重婆婆作为长辈的权威，但同时也应该在生活中保有自己的空间和独立性。

阿伟可以起到桥梁作用，帮助婆婆理解夫妻作为独立个体的需求。比如，他可以对母亲说："妈妈，我们非常感激您的帮助，但有些家务和日常事务我们自己来处理可能更合适。"这样既表达了感激，也设定了清晰的界限，避免婆婆过度干涉家庭事务。

加强沟通，增进理解

婆媳矛盾往往源于沟通的不足或沟通方式的错误。家庭成员应该通过有效的沟通，表达各自的需求和困惑。

小雪可以尝试以一种不带情绪的方式和婆婆沟通："妈，我知道您以前都自己做家务，辛苦了，但现在我们都在工作，我觉得家务应该共同分担，您觉得怎么样？"

沟通时，避免指责或抱怨，而是以理解和协商的态度展开对话，让对方感受到尊重。这样，婆婆也能更容易接受儿媳的需求，彼此之间的隔阂会逐渐减少。

避免丈夫夹在中间

在婆媳矛盾中，丈夫经常被夹在母亲和妻子之间，左右为难。阿伟不应被动地站在某一方，而应起到调和矛盾的作用。

阿伟可以分别与母亲和妻子沟通，让双方理解彼此的想法和感受。

例如，阿伟可以对母亲说："妈，小雪也工作了一整天，有时真的很累。我觉得我们可以一起分担家务，让她也有时间休息。"同时，他也可以向小雪表达理解："我知道你觉得婆婆的要求有些过分，但她年纪大了，习惯了传统的方式，咱们可以慢慢调整。"

通过这种方式，丈夫既没有让步于某一方，也帮助婆媳建立了更好的沟通桥梁，减少了冲突升级的可能性。

寻找共通点，建立情感连接

尽管婆媳在生活方式上存在差异，但她们都有一个共同点：对家人的关爱。小雪和婆婆可以通过寻找共同的兴趣和活动，建立更深的情感连接。

比如，小雪可以主动请教婆婆一些传统菜肴的做法，或一起参与家庭活动，增进彼此的理解与尊重。

通过共同的活动和兴趣，婆媳之间可以消除一些生活方式上的分歧，建立更多的情感联系。当婆婆感受到儿媳对她的尊重和关心时，婆媳矛盾往往会自然缓解。

尊重文化差异，寻找适应点

婆媳矛盾的背后，常常是文化与价值观的冲突。年轻一代与老一代在处理家庭事务、表达情感和应对冲突的方式上存在显著差异。

作为儿媳，小雪可以试着尊重婆婆的传统观念，并在其中找到可以适应的地方；而婆婆也应该理解年轻人追求独立与平等的现代家庭观。

家庭成员可以通过开放的态度，包容彼此的文化差异，寻找一种适应性的解决方式。比如，婆婆可以坚持自己擅长的家务，但在一些生活习惯上适应年轻人的需求。

而小雪可以在平时的日常中，给予婆婆更多的尊重和理解，让她感受到在家庭中的价值。

总之，要维系和谐的婆媳关系，需要智慧。

婆媳关系中的矛盾，表面上是家务、习惯和生活方式的分歧，但实际上反映了代际之间的文化冲突、权力争夺以及对家庭角色的不同期待。

通过有效的沟通、清晰的界限、相互的尊重以及丈夫的调和作用，婆媳二人可以找到一种和谐的相处方式。

　　小雪和婆婆的故事提醒我们，家庭中的每个成员都有自己的需求和情感。通过理解和包容，婆媳之间可以从冲突中学会共同成长，建立一种尊重、支持和合作的关系。在现代家庭中，婆媳和谐不仅仅关乎生活习惯，更是一种情感智慧的修炼。

第五章

FU
YONG
QOAO

XING
SHI
JI

TING
DE
LI

JIA
XIN

福用巧
幸实技
庭的理
家心

小仪式感，大联结

家庭中的情绪表达与管理

家务的分工与合作

培养家庭的"心理弹性"

用感恩建立幸福感

小仪式感，大联结

在一个普通的周三晚上，刘晓一家四口围坐在餐桌旁准备吃晚饭。刘晓和妻子林静有两个孩子，10岁的儿子小阳和7岁的女儿小雨。

每晚的晚餐前，他们有一个小小的家庭仪式：每个人都会轮流分享自己今天最开心或最难忘的事情。

"小阳，今天在学校有什么让你高兴的事吗？"林静微笑着问道。

小阳兴奋地说道："今天我和同学们完成了我们的科学项目，老师表扬了我们！"接着，小雨也分享了她在美术课上完成了一幅画的成就感。

分享完之后，全家人一起说"谢谢"并微笑着开始享用晚餐。这样的场景，或许看似简单，但却是这个家庭每天都会坚持的小小仪式。

在这个简短的分享过程中，每个人都有机会表达自己的情感，彼此倾听。这种小小的"仪式感"让家庭成员间的联系更加紧密，增强了彼此的理解和情感联结。

仪式感的力量：家庭联结的纽带

在家庭生活中，像刘晓一家这样的小小仪式并不少见，但它们的作用却往往被低估。事实上，仪式感是一种强大的心理工具，能够在日常生活中帮助家庭成员建立更深的情感联结。

通过简单的日常仪式，家庭成员能够在忙碌的生活中找到固定的情感连接点，帮助家庭维持温暖、亲密的氛围。

仪式感的心理意义

仪式感在心理学中被视为一种增强关系的有力工具。它不仅仅是形式上的行为，更是一种通过结构化和可重复的行为，赋予某个时刻或活动特殊意义的方式。

家庭仪式感可以帮助成员感到彼此之间的亲密感、归属感，并且有助于增加生活中的幸福感。

增强家庭稳定性

仪式感为家庭带来一种可预见性和稳定感。无论是像刘晓一家的用餐前的分享，还是节假日的特殊庆祝活动，这些定期的仪式帮助家庭成员建立一种稳固的心理联结。

在生活中，尤其是在变化多端的社会中，固定的仪式感为家庭成员提供了安全感，让他们知道无论发生什么，家庭都是他们可以依赖的支持系统。

促进情感表达

仪式感提供了一个机会，让家庭成员能够自由表达情感。

通过每天的用餐仪式，刘晓一家能够分享各自的经历和感受，这让他们在忙碌的日子中有了一段特定的时间相互倾听和回应。

这种情感的表达不仅能加强家庭成员之间的理解，还能帮助彼此更好地应对压力和挑战。

增强归属感和家庭认同

仪式感还能增强家庭成员的归属感和身份认同。

当每个成员都参与到这些特定的仪式中时，他们会感到自己是这个家庭不可或缺的一部分。

尤其是对于孩子来说，仪式感是他们建立家庭认同和安全感的关键环节。

在刘晓家，两个孩子通过每天的仪式感知到自己在家庭中的位置和重要性。这种归属感不仅让孩子感到被关爱，也让他们在未来的成长过程中拥有更加稳定的心理基础。

如何在家庭生活中引入仪式感

引入仪式感并不需要复杂的安排，简单的小行动和固定的时刻就可以为家庭带来深远的影响。

以下是一些可以轻松实践的日常家庭仪式技巧，帮助读者建立更紧密的家庭联结。

每日分享时刻

如同刘晓一家那样，每天饭前或饭后，可以设立一个分享时刻。

这个时刻的规则可以非常简单，每个家庭成员轮流分享自己一天中最开心的事、最具挑战的事，或者某个特别的经历。这不仅可以帮助大家了解彼此的生活，还能培养倾听的习惯。

时间：每餐前或晚餐后5分钟。

规则：每人分享一件正面或负面的事情，大家共同倾听并回应。

这个仪式让家庭成员感觉到自己被关注、被理解，同时也能让他们更加深入地了解彼此的日常生活。这种仪式感能加强亲密感，并帮助家庭成员学会表达情感和倾听他人的感受。

每周的家庭游戏夜

每周可以选定一个晚上，作为家庭游戏夜，一家人聚在一起玩棋盘游戏、卡牌游戏或其他互动性强的活动。

这类活动不仅可以增进家庭成员之间的互动，还能在轻松的氛围中帮助大家释放生活中的压力。

时间：每周五或周末的某个固定晚上。

规则：轮流由不同家庭成员选择游戏，确保每个人的喜好都得到尊重。

家庭游戏夜不仅能让孩子们在娱乐中学会合作和竞争，也能让成年人暂时摆脱工作和责任的压力，享受与孩子在一起的快乐时光。

游戏中的欢笑和互动，会在无形中增强家庭的联结。

每月的家庭庆祝日

除了日常的小仪式外，可以每个月设立一个家庭庆祝日，庆祝家庭中每个人的成就或特别的时刻。

这一天可以是为了庆祝一个项目的完成、一个家庭成员的进步，或者单纯地为了享受家庭时光。

时间：每月的最后一个周末，或根据家庭的实际情况设定。

规则：家庭成员轮流决定庆祝什么内容，可以是孩子的学习进步、工作上的小成就，或一个有趣的家庭活动。

这种仪式可以增强家庭成员对彼此的认可和支持，同时也让大家有机会在繁忙的日常中，停下来回顾和享受彼此的陪伴。

它能够帮助家庭成员感受到集体的力量，并为每个人的成就赋予特别的意义。

睡前的感谢仪式

对于有小孩子的家庭，睡前的感谢仪式是增强家庭温暖感和安全感的好方法。

每晚睡觉前，可以让孩子们分享一件他们要感谢的事情，不论是当天发生的，还是生活中的感激之事。

时间：每天睡觉前5分钟。

规则：每人轮流表达一件要感谢的事情，不限内容，可以是家人、朋友，或是生活中的小确幸。

这种简单的仪式帮助孩子们培养感恩的心态，同时在家庭成员之间创造了更多的情感连接。

通过感谢家人或朋友，孩子们能更好地理解他人对自己的关心，也能在感激中结束一天。

季节性仪式：家庭出游或庆祝活动

每个季节可以设定一次家庭出游或庆祝活动，例如在春天去野餐，夏天去海边，秋天去公园散步，或冬天一起装饰圣诞树。

固定的季节性活动可以给家庭带来一种期待感，让大家共同参与到生活的每一个变化中。

时间：每个季节的某个固定周末。

规则：一起计划并参与活动，确保每个人都有所期待和参与。

通过这种季节性的仪式，家庭成员能够更加深入地体会到生活中的节奏变化，同时在每个季节中创造特别的回忆。

这些回忆将成为家庭历史的一部分，在未来的日子里不断增进家庭的亲密感。

总之，家庭中的小小仪式感，能够体现出家庭成员情感的大联结。

家庭仪式感并不需要复杂和奢华，它可以是简单的每日分享、一顿饭前的温暖互动，或是每周的家庭活动。

通过这些小小的仪式，家庭成员之间可以建立更深的情感连接，增强彼此的理解和支持。

刘晓一家的故事提醒我们，家庭幸福不是一蹴而就的，而是通过日常生活中的小细节和仪式感来维系和滋养的。

通过实践这些简单的仪式，家庭成员可以在繁忙的生活中找到彼此的联结点，增强归属感和幸福感。

无论是一个简短的分享，还是一场充满笑声的游戏夜，仪式感让家庭生活变得更加温暖和有意义。

通过这些小小的仪式，我们可以在平凡的日常中，找到最深的情感连接和幸福的源泉。

家庭中的情绪表达与管理

在一个普通的周末早上,张伟和妻子李芳准备带两个孩子去公园玩。然而出门前的情境却让本该轻松愉快的家庭氛围变得紧张。

8岁的女儿小雅因为鞋子找不到而情绪激动,哭闹着说自己不想去了。而5岁的儿子小浩则在客厅里到处跑,喊着要先去买零食。

李芳一边安抚小雅,一边还要应付小浩的吵闹声,显得手忙脚乱。

张伟则在一旁不耐烦地催促:"你们能不能快点?每次出门都这样,真是烦死了!"他的语气越来越严厉。

李芳听到丈夫的抱怨,忍不住反驳:"你就不能帮忙一下吗?总是在一旁催,什么都不做!"

话一出口,气氛瞬间变得更加紧张,夫妻两人情绪升级,孩子们则被夹在其中,情绪也越来越不稳定。

原本应该是快乐的家庭出游,变成了一场情绪的对抗。

这种情境在很多家庭中并不陌生。日常生活中的小摩擦、小冲突,如果不加以控制和管理,很容易演变成家庭中的情绪失控,伤害彼此的感情和家庭氛围。

情绪的管理与表达,是家庭幸福的关键要素之一。

家庭中的情绪表达

家庭成员每天都在经历各种情绪，无论是工作上的压力、生活中的烦恼，还是彼此相处中的分歧。

这些情绪不可避免地会影响到家庭互动，尤其是在忙碌、紧张或充满压力的时刻，情绪冲突往往会突然爆发。

情绪传递效应

家庭中的情绪往往具有传递效应。一个家庭成员的负面情绪可能会影响到整个家庭的氛围。

例如，张伟因为孩子们的拖延而感到焦虑和不耐烦，他的情绪表达不仅让李芳感到压力，还直接影响了孩子们的情绪。

小雅因为父母的争执更加哭闹，而小浩则变得更加不安。

这种情绪的相互影响是家庭互动中的常见现象。如果一个成员的情绪得不到适当的管理，整个家庭的情绪状态都会受到波动，导致沟通不畅和冲突升级。

情绪表达的文化背景

在一些家庭中，情绪表达可能会受到文化背景或传统观念的影响。某些家庭习惯于压抑情绪，认为愤怒或不满的表达是不恰当的，而另一些家庭则倾向于情绪的直接表达，甚至将情绪的宣泄视为正常的沟通方式。

张伟可能觉得自己在家庭中要表现得强硬，而李芳则可能习惯于通过言辞来表达自己的不满。

不同的情绪表达方式在家庭中常常导致误解和冲突，尤其是当家庭成员彼此的情绪需求和表达方式不一致时。

情绪表达与情感需求

情绪背后往往隐藏着深层次的情感需求。张伟的焦虑和不耐烦其实源于对家庭秩序的期待和对责任分担的不满，而李芳的情绪则反映了她感受到的无助与疲惫。

孩子们的哭闹和不安，则可能是对安全感和家庭稳定氛围的需求。

在家庭中，很多情绪冲突表面上看是由于琐事引发的，但背后往往是未被满足的情感需求。

家庭成员如果能够识别并理解彼此的情感需求，情绪的表达和管理就会更加顺畅。

家庭情绪管理的实用技巧

情绪管理是家庭幸福的核心能力之一。

通过适当的技巧和策略，家庭成员可以更好地应对日常生活中的情绪波动，避免情绪失控对家庭关系造成的伤害。

以下是一些实用的情绪管理技巧，帮助家庭成员在情绪冲突中保持冷静与理性。

深呼吸：即时调节情绪

深呼吸是一种简单而有效的情绪管理技巧，尤其适用于情绪开始升级的时刻。

通过深呼吸，家庭成员可以在情绪爆发前给自己一个短暂的缓冲时间，缓解焦虑和压力。

当张伟感到自己快要失去耐心时，他可以尝试先进行深呼吸。

具体方法是，吸气时缓慢数到三，保持一秒钟，再缓慢地呼气数到三。这个过程可以重复几次，帮助情绪从高涨状态中平复下来。

效果：深呼吸通过降低心率、放松肌肉，减少身体的紧张感，帮助情绪恢复平稳。它可以让家庭成员在冲突中暂时停止情绪升级，避免不必要的言辞伤害。

暂停对话：避免情绪失控

当情绪激烈时，暂停对话是一种非常有效的技巧。

张伟和李芳在争执时，如果意识到情绪失控，可以双方约定暂停讨论，给彼此一些空间和时间冷静下来，再继续交流。

操作方法：当感到情绪升级时，任何一方可以提议暂停，并承诺在一定时间后再重新讨论。

例如，"我们现在都很生气，等一会儿冷静下来再谈这个问题，好吗？"这种做法既重视了情绪的存在，也避免了在冲突中情绪过于激动而产生不可挽回的伤害。

效果：暂停对话不仅能避免情绪失控，还可以给家庭成员一个机会去反思和理解彼此的感受。短暂的暂停往往能让情绪化的争论变得更加理性和有建设性。

换位思考：理解彼此的情感需求

换位思考是情绪管理中的一种高级技巧，尤其适用于家庭成员之间的沟通和理解。

情绪冲突往往源于彼此需求的不理解或忽视。

通过换位思考，家庭成员可以尝试站在对方的角度，感受对方的情绪和需求，从而减少冲突的对抗性。

操作方法：在情绪化对话中，张伟可以停下来想一想："如果我是李芳，面对孩子的哭闹和丈夫的不耐烦，我会有什么感受？她是不是觉得压力太大了？

同样，李芳也可以换位思考张伟的处境，理解他在家庭秩序和时间管理上的需求。

效果：通过换位思考，家庭成员能够更深入地理解彼此的情绪来源，减少误解和对抗。它有助于建立更好的情感共鸣，增强家庭成员间的信任感。

情绪表达的"我感觉"语言

很多家庭的情绪冲突之所以升级，是因为情绪表达时充满了指责和攻击性言辞。使用"我感觉"这种语言是一种非常有效的技巧，它能够让情绪表达变得更加温和，同时避免引发对方的防御反应。

操作方法：在情绪化对话中，家庭成员可以用"我感觉……"的句式来表达情绪，而不是"你总是……"的指责。

例如，张伟可以对李芳说："我感觉很焦虑，因为我担心我们会迟到。"而不是："你总是拖拖拉拉，让我们每次都迟到！"这种语言的转换能够减少指责感，增加对话的建设性。

效果：通过"我感觉"语言，家庭成员能够更好地表达自己的真实情感，同时避免对方陷入防御或反击的状态。它能让沟通更加开放和富有同理心，促进问题的解决。

情绪冲突后的反思与复盘

家庭中的情绪冲突虽然不可避免，但重要的是，家庭成员如何在冲突后进行情绪复盘。通过复盘，家庭成员可以总结经验，反思情绪爆发的原因和解决方法，从而在未来更好地应对类似的情境。

操作方法：在情绪冲突后，夫妻可以坐下来回顾整个过程。例如，张伟和李芳可以在孩子睡觉后，安静地反思：今天的争执是怎么开始的？我们的情绪是如何一步步升级的？如果再遇到类似情况，我们可以怎么做得更好？

效果：情绪复盘不仅有助于家庭成员理解彼此的情感需求，还能为未来的冲突提供建设性的解决方案。这种反思性的过程能够增强家庭的情绪管理能力，让每一次冲突都成为家庭成长的机会。

家庭生活中，情绪冲突在所难免，但通过有效的情绪管理技巧，家庭成员可以在冲突中保持冷静、理性，避免情绪化言辞和行为对关系的伤害。

无论是通过深呼吸缓解焦虑，还是通过换位思考理解彼此的感受，这些技巧都能帮助家庭成员更好地表达和管理情绪，增强家庭中的情感联结。

张伟和李芳的故事提醒我们，家庭幸福不仅仅是大事上的成就和和谐，更多的是在日常生活中的小冲突和情绪表达中如何处理和管理。

通过情绪的智慧管理，家庭成员可以在复杂的情感互动中找到平衡，让家庭生活变得更加充满爱和理解。

家务的分工与合作

周末的早晨，李晨和妻子小美刚吃完早餐，桌上还留着餐具未收拾，孩子们在客厅玩耍，一切看似如常。

可是，不知不觉间，家庭气氛逐渐紧张起来。李晨正准备打开电视放松一下，而小美则在厨房收拾碗筷。

"你又要看电视了？家里这些活儿就只有我一个人做吗？"小美停下了手中的动作，语气中带着明显的不满。

李晨有些不耐烦地回道："我工作一周都累坏了，周末也该休息一下吧？再说了，做家务不是很正常吗？你又不是没时间。"

"你工作累，难道我不累吗？孩子们每天的事儿，家里的大小琐事，哪个不是我在忙？"小美的声音提高了几分，情绪愈发激动。

眼看着争执升级，孩子们在一旁看着父母，气氛瞬间变得沉重。李晨感到自己被责备得很委屈，他也为这个家付出了很多，觉得小美不理解他。

小美则感到家务和照顾孩子的重担让她不堪重负，丈夫似乎从来没有意识到她的疲惫和压力。

这个场景在许多家庭中并不陌生。家务分工问题往往是夫妻争执的焦点之一。虽然表面上看是家务的具体安排，但实际上反映的是家庭成员之间对责任、付出和理解的不同期待。如何通过分担责任与共情，让家庭事务变得更加和谐，是每个家庭需要面对的课题。

家务分工中的矛盾来源

在家庭生活中，家务是不可避免的日常事务，但它却常常成为夫妻争执的导火索。

究其原因，家务分工的争执背后往往隐藏着更深层次的角色期望和情感需求问题。理解这些矛盾来源，有助于夫妻找到更好的解决之道。

角色期待的不同

在传统观念中，家务通常被视为女性的责任，尤其在某些文化背景下，女性往往承担着更多的家庭事务。

而随着现代社会的发展，女性在职业和家庭中的角色发生了变化，但传统的角色期待却并未完全改变。

像小美这样，既要工作又要承担大部分家务和照顾孩子的重担，容易感到不公平和不被理解。

李晨则可能认为自己在外工作忙碌，周末理应放松，他没有意识到家庭内部的工作同样需要被认真对待。这种不同的角色期待，导致了夫妻之间的误解和矛盾。

付出与回报的不平衡感

家务分工的矛盾，往往还反映了家庭成员对付出与回报的感受差异。小美感到自己承担了大部分家务，却没有得到应有的认可和回报，而李晨则认为自己在工作中已经付出了很多，家务只是其中一部分，应该共同承担。

这种对付出与回报的不平衡感，使得夫妻双方都感到委屈和不满。

缺乏有效的沟通和共情

家务分工问题常常因为缺乏沟通而恶化。夫妻双方往往认为对方应该理解自己的辛劳，但实际上，双方对彼此的付出并没有足够的了解和体谅。

李晨和小美的争执正是因为他们没有通过有效的沟通表达各自的需求和感受，导致了误解和冲突的加剧。

如何通过合作与共情解决家务分工问题

家务问题看似琐碎，但影响着整个家庭的氛围和夫妻关系。要想解决家务分工中的争执，家庭成员需要通过合作与共情，找到更加和谐的相处方式。

以下是一些实用的策略，帮助夫妻在家务问题上达成共识，并增进彼此的理解和合作。

清晰分工，明确责任

要避免家务争执，首先要做的就是明确分工，避免模糊不清的责任归属。很多家庭的争执源于双方对家务责任没有明确的约定，导致一方觉得自己承担过多，而另一方则认为家务分工不清。

李晨和小美可以通过讨论，列出家庭的所有日常家务事务，包括打扫卫生、洗衣做饭、照顾孩子等，然后根据双方的工作时间、精力和兴趣，明确分配每个人负责的任务。

例如，李晨可以负责周末的打扫和晚餐，而小美则负责孩子的学习辅导和洗衣。

通过清晰的分工，双方都能够更加了解彼此的工作负担，避免家务责任的模糊性导致争执和不满。

建立轮流制度，分担负担

有些家务无法长时间固定由一方负责，例如打扫卫生、接送孩子等，这时可以采用轮流制度。

夫妻可以轮流承担一些重复性家务，让双方都有机会休息和调节，同时也避免了家务工作集中在一人身上。

李晨和小美可以每周轮换负责清洁厨房和照顾孩子的家务。

通过轮流承担任务，夫妻之间能够更加理解对方的付出和辛劳，也避免了单方面的长期负担积累而产生的怨气。

换位思考，培养共情能力

共情是解决家务分工争执的关键能力之一。夫妻之间的很多矛盾，往往是因为缺乏对彼此情感和需求的理解。

通过换位思考，夫妻能够站在对方的角度，更好地理解对方的感受和压力，从而减少冲突的发生。

李晨可以通过换位思考，感受小美每天不仅要工作，还要承担繁重的家务和照顾孩子的压力。

通过这种思考，李晨会更加体谅小美的疲惫和不满。反之，小美也可以尝试理解李晨在工作上的压力，认识到他需要一些休息时间。

操作方法：当争执即将升级时，夫妻双方可以尝试短暂地暂停争论，彼此安静下来，互相表达对方的感受。

李晨可以说："我知道你最近很累，做家务确实很辛苦，我也愿意分担。"小美则可以回应："我明白你工作辛苦，周末确实需要休息。"

通过这种互相表达感受的方式，夫妻双方能够避免情绪化的对抗，增加共情和理解。

定期家庭会议，评估家务分工

家庭中的家务分工需要根据实际情况进行调整。家庭成员可以通过定期的家庭会议，来评估家务分工的合理性和公平性，讨论是否需要做出调整。

这种方式不仅能解决日常矛盾，还能帮助家庭成员保持开放的沟通渠道。

李晨和小美可以每个月进行一次"家务评估会议"，讨论近期的家务分工是否合理，有没有需要调整的地方。

通过这种定期的沟通，双方可以及时表达自己的感受，避免矛盾积累过久而爆发。

会议流程：首先，双方可以分享自己最近对家务分工的感受，比如哪些家务任务觉得太多或太重。然后一起讨论有哪些家务可以重新分配，或寻找更高效的合作方式。最后，确定新的分工方案，并计划下一次会议。

为家务赋予积极意义

家务不仅是琐碎的任务，它也可以成为夫妻增进感情的机会。

通过为家务赋予积极意义，夫妻可以在共同完成任务的过程中，培养合作精神，增强情感连接。

李晨和小美可以把家务视为增进感情的方式。

例如，他们可以一起做饭，在厨房中分工合作，分享劳动的成果。通过这种互动，家务不再只是负担，而是一个合作的过程，增进了彼此之间的默契和亲密感。

操作方法：夫妻可以将某些家务任务转化为一种共同的活动。例如，每周末一起做一顿特殊的晚餐，或者一起打扫家中的某个区域，互相配合完成任务。

在这种合作中，夫妻不仅能感受到共同完成任务的成就感，还能通过劳动体验更多的乐趣和连接。

适当放松，避免完美主义

很多家务争执其实是因为一方对家庭事务有过高的标准，追求完美主义。而这种完美主义往往给自己和对方都带来了压力。

夫妻可以通过适当放松，降低对家务分工的完美主义要求，减轻压力。

李晨和小美可以意识到，家庭生活中的家务并不需要时时刻刻做到完美，有时适当放松，对家庭的整体幸福感更加重要。

只要家里干净整洁，大家都能在舒适的环境中生活，就已经足够了。

家务分工是家庭生活中的重要组成部分，但它也常常引发夫妻间的争执和矛盾。通过合作与共情，夫妻可以更加和谐地处理家庭事务，增强彼此之间的理解与支持。

李晨和小美的故事告诉我们，家务不仅仅是生活中的责任，它也是夫妻之间培养合作精神、增进情感联系的重要机会。

通过明晰分工、换位思考、定期沟通以及适当放松，夫妻能够在家务问题上达成共识，让家庭生活变得更加和谐、幸福。

培养家庭的"心理弹性"

李刚和他的妻子张莉结婚十年，有两个孩子，7岁的儿子小明和5岁的女儿小柔。家庭生活一向平静美满，直到一次突如其来的变故打破了他们的安稳生活。

李刚所在的公司因经营不善突然宣布大规模裁员，李刚不幸成为其中一员。

这对李刚一家来说无疑是一次沉重的打击，不仅意味着失去主要的收入来源，也意味着未来的不确定性。

在接下来的几周里，李刚陷入了焦虑和自我怀疑，他觉得自己辜负了家庭的期待。

与此同时，张莉也感到巨大的压力，不仅担心家庭的经济状况，还要承担起更多的家务和照顾孩子的责任。孩子们虽然不完全理解父母的担忧，但也感受到家里的气氛变得紧张和沉重。

面对这场危机，李刚和张莉都感到迷茫：如何让家庭度过这一难关？这不仅是物质上的挑战，更是心理上的考验。

然而，在接下来的日子里，这个家庭通过积极地沟通，相互支持以及采取一些心理策略，逐渐恢复了平静，重新找回了家庭的力量。

这背后，正是他们在危机中培养了家庭的"心理弹性"。

什么是家庭的"心理弹性"?

心理弹性是指个体或家庭在面对压力、挑战、危机时,能够恢复、适应并从困境中学习和成长的能力。

家庭心理弹性不仅仅是个体心理弹性的集合,而是一种家庭系统内的能力,家庭成员通过相互支持、有效沟通和共同面对挑战,增强整体的应对能力。

家庭的心理弹性不是天生具备的,而是可以通过特定的技巧和策略培养出来的。

拥有高心理弹性的家庭,能够在面对生活中的重大危机时,不仅不会被打垮,反而会因为共同面对挑战而变得更加团结和坚韧。

心理弹性的核心要素

在李刚一家面对的这次危机中,他们通过以下几个关键要素,成功培养了家庭的心理弹性。

有效地沟通

沟通是家庭心理弹性的基石。当家庭面对挑战时,开放、诚实的沟通能够让家庭成员了解彼此的想法和感受,避免误解和情感疏离。

李刚在失业后感到焦虑,但他没有将这种情绪完全藏在心里。他向张莉坦白了自己的不安,并与她讨论如何度过这段艰难的时光。

张莉也坦诚表达了她的担忧和对未来的不确定感,而不是压抑自己的情绪。这种沟通方式帮助他们彼此理解,避免了不必要的猜忌和埋怨。

孩子们虽然年纪小,但李刚和张莉通过简单的方式告诉他们现在家里的情况,让他们明白爸爸暂时没有工作,全家人需要一起努力。

通过这种情感上的透明和真诚，家庭成员彼此之间的信任和支持得到了增强。

沟通技巧：家庭成员可以通过定期的对话，分享各自的想法和情感，避免把问题压抑在心里。家长应以平和的态度与孩子讨论家庭的实际情况，鼓励他们表达自己的想法和感受，让孩子感到他们是家庭的一部分，而不是孤立在外。

情感支持与共情

在困难时期，家庭成员间的情感支持和共情是至关重要的。

李刚失业后，张莉虽然也感到压力，但她并没有埋怨李刚，而是通过实际行动表达对丈夫的支持。她告诉李刚："我们是一个团队，眼下的困难我们一起承担。你不是一个人在面对这些。"

这种情感上的支持，给了李刚巨大的心理安慰，也让他觉得自己没有被孤立。他意识到，尽管面临挑战，但家人的支持让他有了重新站起来的动力。

孩子们也在这样的家庭氛围中学会了共情。

当他们看到爸爸妈妈在互相支持时，也学会了在面对生活中的小困难时，相互帮助。通过情感支持，家庭成员能够形成更深的情感连接，增强面对危机的力量。

共情练习：家庭成员可以练习站在对方的角度去思考问题，尤其在危机时期。通过倾听和回应彼此的感受，家庭成员可以更好地理解对方的情绪，从而提供适当的支持。

问题解决与灵活应对

面对危机时，家庭心理弹性的重要体现之一是问题解决能力和灵活应对策略。

当李刚失业后，夫妻俩没有一味沉浸在负面情绪中，而是冷静下来分析问题，并一起寻找解决方案。

他们首先评估了家庭的经济状况，制定了削减开支的计划。接着，李刚积极寻找新的工作机会，张莉则通过增加工作时间来暂时缓解经济压力。

同时，他们还考虑了其他可能的收入来源，并灵活调整了家庭日常生活的安排。

这种面对问题时的积极应对态度，帮助他们在危机中保持了掌控感，而不是被动等待或陷入绝望。通过灵活应对，他们逐步适应了新的生活状况，最终渡过了难关。

实用技巧：家庭成员可以一起讨论危机中的应对策略，列出可以采取的行动步骤。让每个成员参与问题的解决过程，不仅能增强大家的责任感，还能培养解决问题的信心。

保持家庭的日常节奏和仪式感

危机中的家庭容易陷入混乱和焦虑，但保持某种日常节奏和仪式感，有助于稳定家庭情绪，增强家庭的心理弹性。

尽管李刚失业了，夫妻俩仍然尽量维持家庭的正常生活，比如坚持每天一起吃晚饭，周末一起带孩子去公园散步。

这些日常的小仪式，帮助全家人在混乱和不确定中找到一份稳定感，也让孩子们没有因为危机而丧失家庭的安全感。

通过坚持这些仪式，家庭成员能够在情感上维持连接，减少对危机的焦虑和恐惧。

建议：家庭可以通过保持固定的活动或仪式（如每日的晚餐、每周的家庭日等），为家庭创造一种稳定的节奏，帮助成员们在危机中找到心理上的平衡。

适度表达幽默与积极思考

危机时期，家庭中的情绪往往会变得紧张和焦虑，适当的幽默感和积极思考可以有效缓解压力，增强心理弹性。

李刚和张莉虽然面对着失业的压力，但他们没有失去生活中的乐观和幽默感。在日常互动中，他们依然保持轻松的心态，和孩子们一起玩游戏、开玩笑，创造家庭的欢乐氛围。

这种幽默感不仅帮助他们应对压力，也让孩子们感受到家庭中的温暖和正能量。积极思考并不意味着忽视现实的困难，而是学会在困境中看到未来的希望，保持对生活的信心。

实用技巧：家庭成员可以通过分享轻松的笑话、玩一些小游戏等方式，缓解压力，增强积极情绪。

定期复盘，讨论家庭在困难中学到的经验和成长，也是培养积极思考的一种方式。

如何在日常生活中培养家庭心理弹性

除了在危机时刻展现心理弹性，家庭还可以通过日常的互动与沟通，持续培养这种能力。以下是一些在日常生活中帮助增强家庭心理弹性的实用方法：

建立开放的沟通环境

鼓励家庭成员在平时就开放地表达自己的感受和需求，让每个人都感到自己的情感得到了重视。

在遇到困难时，家庭成员更容易通过这种开放的沟通渠道获得支持和理解。

鼓励自主性和参与感

培养家庭心理弹性需要让每个家庭成员都感到自己在家庭中有一定的自主性和参与感。鼓励孩子们参与家庭的决策过程，比如一起讨论假期计划，或者让他们参与家庭的日常事务管理。这种参与感能够增强家庭的凝聚力，也让每个成员感到自己对家庭的贡献。

培养灵活应对的思维方式

家庭心理弹性还需要培养灵活应对的思维方式，让家庭成员学会在不同的情境下找到新的解决方案。

鼓励大家在面对问题时不拘泥于固定思维，而是尝试多角度看待问题。

家庭的心理弹性，是应对生活中不可避免的挑战和危机的关键能力。

通过有效的沟通、情感支持、灵活应对和保持积极的家庭氛围，家庭成员能够在困境中互相扶持，重建信心与希望。

李刚和张莉的故事告诉我们，即使面对失业这样重大的危机，家庭的力量依然能够帮助我们度过难关。通过培养家庭的心理弹性，家庭不仅能够在压力下生存，更能够在困境中成长，变得更加坚韧和亲密。

用感恩建立幸福感

这天是王琳一家约定好的过一年一度的表达感恩之情的日子。

一家人早早地聚集在餐厅里，桌上摆满了丰盛的食物。这个日子不仅是享受美食的时刻，更是他们一家人彼此分享感恩与感谢的日子。

王琳与丈夫陈杰、两个孩子以及陈杰的父母一起围坐在餐桌旁，气氛温暖而融洽。

和往年一样，他们开始了一项家庭传统——每个人都要在饭前说一件自己对某位家庭成员感到感激的事情。

"今天我想感谢妈妈，" 7岁的女儿小欣首先开口，"因为她每天都做我最喜欢的早餐，还帮我准备学校用的东西。"

接着，陈杰对自己的父亲说："爸，谢谢你今年在院子里帮我修剪草坪，还教了我怎么种花，我学到了很多。"

轮到王琳时，她笑着对陈杰说："谢谢你总是这么支持我，尤其是在我工作忙的时候，你会主动照顾孩子，让我感觉压力小了很多。"

每个人都发自内心地分享感激的话语，彼此之间的感情在温馨的氛围中得到了升华。这样的小小仪式，让他们在忙碌的日常中停下脚步，重新感受到彼此的付出和爱意。

感恩练习的力量

感恩练习是一种通过主动表达和体验感激之情，帮助人们增强幸福感和改善人际关系的心理策略。

在家庭中，感恩练习能够帮助成员之间建立更深的情感联结，增进彼此的理解和支持，减少矛盾和摩擦。

感恩是一种积极的心理状态，它让人们更加关注生活中的积极面，帮助他们从日常的小事中找到幸福感。

尤其是在家庭关系中，感恩练习可以让家庭成员认识到彼此的付出与关怀，增加家庭的归属感和亲密感。

感恩练习如何增强家庭幸福感

在王琳一家表达感恩的例子中，感恩练习通过一个简单的家庭仪式，让每个人都意识到了彼此的付出和支持，这不仅让家庭氛围更加和谐，也增强了每个家庭成员的幸福感。感恩练习带来的好处可以从多个方面来理解。

提升家庭成员的归属感

感恩练习能够增强每个家庭成员的归属感。

当一个人感受到家庭对自己付出的感激时，他会意识到自己的努力被认可，从而增加对家庭的情感投入。

在王琳的家庭里，女儿小欣的感谢让王琳感到自己作为母亲的努力得到了回报，而陈杰也通过父亲的感谢感受到自己在家庭中的重要性。

这种归属感是一种深刻的情感连接，能够帮助家庭成员在生活中更加支持彼此。

增强幸福感和满足感

感恩能够提升家庭成员的幸福感和满足感。

研究表明，感恩的表达和体验可以让人更容易关注生活中的积极方面，从而感受到更多的幸福。

家庭中的感恩练习，能够让成员更加关注彼此的优点和贡献，减少对负面事件的关注。

当王琳听到丈夫对她的感谢时，她感受到自己在家庭中的付出得到了回馈，内心充满了满足感。

这种正面的情感体验能够让她在今后遇到困难时更有力量，同时让家庭生活中的挑战变得容易应对。

如何在日常生活中增强亲情互动

亲情互动不需要等到特别的节日才进行，日常生活中，家庭成员可以通过一些简单的方式，来培养感恩的习惯。

以下是一些在家庭中可以实践的感恩练习技巧，帮助增强家庭幸福感和情感连接。

每日感恩时刻

每天可以设立一个固定的时间，大家轮流分享一件对彼此感到感恩的事情。

这可以在晚饭时进行，也可以在睡前，简短但有意义。

操作方式：在晚餐时或睡前，家庭成员轮流分享今天发生的事情。比如孩子可以感谢妈妈为自己做了美味的早餐，父亲可以感谢孩子帮忙收拾桌子，母亲可以感谢家里人让她有一段安静的时间休息。

通过这种每日的分享时刻，家庭成员能够培养对生活中美好事物的关注，感受到彼此的支持和爱。

感恩日记

家庭成员可以每人准备一本感恩日记，每天写下至少一件让自己感恩的事情。

这不仅能增强家庭成员的幸福感，也能帮助他们在日后回顾时，重新体会到家庭中的爱和支持。

操作方式：每天晚上睡前，家庭成员写下自己今天感受到的感恩之情，可以是对家人的感谢，也可以是对生活中其他人的感谢。

日记的内容不需要太复杂，关键是要让感恩的心态成为日常的一部分。

感恩日记能够帮助家庭成员建立一种长期的感恩习惯，尤其是在生活困难时，回顾这些感恩的时刻，可以让人重新找到力量。

感恩卡片或小礼物

在特别的日子里，家庭成员可以通过感恩卡片或小礼物的方式，表达对彼此的感激之情。这种方式能够让感恩变得具体化，也让被感谢的人感受到付出的回馈。

操作方式：每当某位家庭成员完成了一件特别的事情，比如帮忙打扫房间，照顾生病的家人，或者在工作上取得进展，其他家庭成员可以通过写一张感恩卡片或送一份小礼物，表达对他们的感激。这种做法不仅让感恩更加具体，也增强了家庭成员之间的互相认可和支持。

感恩之旅或家庭庆祝日

家庭可以定期组织一次感恩之旅或设立一个特别的"家庭庆祝日"，让大家一起外出度过美好时光，庆祝彼此的支持和爱。

这种集体的活动能够加强家庭成员的情感连接，也让感恩变得更有仪式感。

操作方式：家庭可以设定每年或每季度一个"家庭活动日"，在这一天大家一起外出游玩，或者选择一个放松的活动，如去公园野餐，进行一次家庭郊游。

在这个过程中，每个人都可以分享自己对家庭的感恩之情。这种共同的体验不仅能加深感恩的情感，还能在回忆中为家庭创造更多的幸福感。

感恩的肢体表达

感恩不仅可以通过语言表达，也可以通过肢体语言。一个简单的拥抱、轻拍肩膀、亲吻或握手，都是感恩的一种直接表达方式。

这些动作能够增强家庭成员之间的亲密感，帮助他们在日常生活中建立更加温暖的关系。

操作方式：在日常生活中，家庭成员可以通过更多的肢体接触，表达亲情。比如，孩子在得到帮助后给父母一个拥抱，夫妻在彼此支持时握手或亲吻。这种肢体上的接触能够传递出深层次的情感，让亲情更加具有力量。

总之，表达感恩之情是一个家庭获得幸福的源泉。

在家庭生活中，感恩不仅仅是一种态度，更是一种强大的心理工具，它能够帮助家庭成员建立更加亲密的情感连接，提升彼此的幸福感和归属感。